专业到卓越：卓越教师培养研究

魏景　著

吉林大学出版社

·长春·

图书在版编目（CIP）数据

专业到卓越：卓越教师培养研究 / 魏景著.— 长春：吉林大学出版社，2022.6
ISBN 978-7-5768-0028-9

Ⅰ．①专… Ⅱ．①魏… Ⅲ．①师资培养—研究 Ⅳ.
① G451.2

中国版本图书馆 CIP 数据核字 (2022) 第 136963 号

书　　名：专业到卓越：卓越教师培养研究
　　　　　ZHUANYE DAO ZHUOYUE: ZHUOYUE JIAOSHI PEIYANG YANJIU

作　　者：魏　景　著
策划编辑：邵宇彤
责任编辑：周春梅
责任校对：陶　冉
装帧设计：优盛文化
出版发行：吉林大学出版社
社　　址：长春市人民大街 4059 号
邮政编码：130021
发行电话：0431-89580028/29/21
网　　址：http://www.jlup.com.cn
电子邮箱：jldxcbs@sina.com
印　　刷：三河市华晨印务有限公司
成品尺寸：170mm×240mm　　16 开
印　　张：12.75
字　　数：229 千字
版　　次：2022 年 6 月第 1 版
印　　次：2022 年 6 月第 1 次
书　　号：ISBN 978-7-5768-0028-9
定　　价：78.00 元

前　言

百年大计，教育为本；教育大计，教师为本。作为教育事业中的核心人物，教师起着至关重要的作用，只有建立一支高度专业化的教师队伍，才能造就高质量的教育，也才能应对时代发展对教育的需求，并培养出满足社会发展需求的优秀人才。因此，立足教师的专业化发展，在专业性的基础上提出了更高的要求，即培养卓越教师，就显得尤为重要。

关于卓越教师的培养，在 2014 年教育部便印发了《教育部关于实施卓越教师培养计划的意见》，旨在通过实施卓越教师培养计划，推动教师教育院校不断深化教师培养机制、课程、教学、师资、质量评价等方面的综合改革，努力培养一大批有理想信念、有道德情操、有扎实学识、有仁爱之心的好教师。2018 年，教育部发文实施《关于实施卓越教师培养计划 2.0 的意见》，进一步指出了卓越教师培养的重要性。

卓越教师是教师队伍中最优秀的群体，卓越教师的培养不仅有助于促进我国教师队伍整体素质的提升，对于促进我国教育事业的发展也具有重大的现实意义。本书以卓越教师培养为主要研究内容，共分七章，第一章对教师和卓越教师进行了基础性的阐述；第二章对卓越教师培养的政策、理论基础以及目标定位进行了解读；第三章结合现代教育对卓越教师的要求，系统剖析了卓越教师的能力体系；第四章对美国、英国、德国卓越教师培养的情况进行了分析，并总结了可借鉴的经验；第五章以师范教育为切入点，论述了卓越教师的职前培养；第六章以继续教育为切入点，论述了卓越教师的在职培养；第七章由教师个体延伸到教师团队，针对卓越教师团队的建设做了进一步的论述。

本书在论述过程中力求逻辑清晰、语言简洁，但由于笔者水平有限，书中论述难免存在不足之处，恳请广大读者批评指正。

目　录

第一章　教师与卓越教师

第一节　教师角色解读

一、教师的含义

何谓教师？西汉著名学者扬雄在《法言》首篇《学行》中提道："师者，人之模范也。"扬雄认为，教师应该是学生的榜样和表率。这是从教师德行层面加以说明的。唐代韩愈在《师说》中解释："师者，所以传道受业解惑也。"韩愈认为，教师的职责是传授道理、教授学业、解答疑难问题。这是从教师职责的角度对教师做出的解读。《中华人民共和国教师法》第三条规定："教师是履行教育教学职责的专业人员，承担教书育人，培养社会主义事业建设者和接班人、提高民族素质的使命。"

教育是人类社会发展到一定程度形成的一种社会现象，也是一种影响人身心发展的社会实践活动。在人类发展的历程中，教育的形式和内容在不断变化，但教育的本质始终未变。教师作为教育中的要素之一，随着教育的发展，虽然在定位、职责等方面一直在发生变化，但归根结底，教师的含义始终不曾改变。结合古代以及现代对教师角色的解读，笔者认为，可以从以下三个方面对教师的含义进行解读。

其一，教师是一种职业，而且是一种古老的职业。所谓职业，简单来说，就是个人所从事的服务于社会并获得收入来源的一项工作。对于教师来说，教师通过教育学生，完成教学任务，获得相应的报酬。从这一角度来说，教师和其他职业没有区别，是社会万千职业中的一种。其实，职业本身就不分高低贵贱，从事任何职业的人都值得尊重，虽然我们赋予了教师职业"高尚""无私"等赞誉，但从职业的角度看，教师仅仅是一种职业，与其他职业并无高低之分。

其二，教师的任务是教书育人。教师是人类文化科学知识的继承者和传播者，他们掌握了广博的知识，并且需要将这些知识传授给学生。在给学生传授知识的时候，教师应该秉承"授人以鱼不如授人以渔"的理念，教导学生掌握学习的方法，而不是单纯地将知识灌输给学生。另外，除了传授学生知识之外，教师还需要教导学生做人的道理，规范学生的道德品行。现代教育对学生的要求是"德、智、体、美、劳"全面发展，其中"德"居于首位，由此可见学生思想道德教育的重要性，这是学生教育中不可分割的重要部分。

其三，教师本身应具备高尚的道德品质。教师是学生的榜样和表率，在很多方面都会影响学生，所以教师不仅要具备广博的知识，还要具备高尚的道德情操，并通过自己的言行举止影响学生，真正做到"学高为师，身正为范"。

二、教师的职业角色

（一）教师职业的基本角色

1.教师是知识的传授者

在教育中，教师首要的角色是知识的传授者，即将知识传授给学生并让学生理解和掌握知识。在知识传授的过程中，教师应该认识到，学生是一个有思想的个体，不是知识学习的机器，更不是知识学习的容器，所以知识的传授不能是硬性的灌输，而是要让学生真正地理解知识，并让学生掌握一些学习方法，从而使学生在掌握知识的基础上也获得能力的提升（如学习能力、探究能力、反思能力等），进而为学生的长远发展奠定基础。此外，对于知识传授者的角色，教师要有一个正确的定位，即这只是教师所扮演角色中的一个，而不是全部，这样才能避免"重知识、轻能力、轻道德"等现象的出现，也才能有助于学生的全面发展。

2.教师是道德的规范者

教师的任务是教书育人，"教书"的目的是传授知识，"育人"的目的是规范学生的道德品行，是促进学生全面发展中不可或缺的组成部分。因此，教师除了是知识传授者，同时还扮演着道德规范者的角色。我国是一个有着五千年历史的文明古国，自古以来对人的道德品质就十分重视，德育也一直是教育中不可或缺的部分。对于每个人来说，知识与道德缺一不可，即便具备渊博的知识，如果在道德品质上有残缺，也只能是一个"残缺"的人。因此，在每个人成长的关键阶段——学生时期，教师都需要对学生进行道德品质上的教育。

在对学生进行道德教育时，教师应该理论结合实际，因为道德不是书本上的知识，不是理论性的知识，而是实践性的知识，所以教师切忌"重理论、轻实践"。另外，作为学生的榜样和表率，在规范学生道德品质的过程中，教师自己首先要以身作则。正所谓"其身正，不令而行；其身不正，虽令不从"（《论语·子路》），如果教师本身在道德品质上存在问题，那么将很难在学生心中形成权威，教师的教导和规范也自然难以对学生产生效用。因此，作为学生道德的规范者，教师不仅要严格地要求学生，还要严格地要求自己。

3.教师是班级的领导者

学校通常以班级为单位，在这个"单位"中，教师无疑是学生的领导者。当然，这个领导者并非传统意义上的领导者。教师对学生的领导更多的是起到一种"领头羊""舵手"的作用，而不是通过管理去约束和教导学生。比如，在课堂教学中，充斥着各种不确定的因素，这使课堂本身就成为一个多因素的动态系统，而为了使整个动态系统维持相对的平衡，教师的领导便不可或缺。例如，教师的领导可以带动学生参与课堂讨论的积极性，发挥学生的主体性，进而调动课堂的氛围。

4.教师是教学的研究者

教师作为教育的实践者，本身也承担着教育研究的任务，所以教师无疑也扮演着教学研究者的角色。就教育而言，教学与研究二者是紧密联系的，研究为教学提供指导，而教学为研究做出实践，从而在不断地教学实践与研究中推动教育的发展。教师作为一线的教育工作者，不仅具备专业知识，还在长期的教学实践中对教学形成了深刻的理解和认知，所以教师是从事教学研究的不二人选。

就教师而言，教学研究的目的主要有两个：一是追求教育的真谛，二是改进教学实践。教育真谛的追求属于宏观层面，是教师对自我理念的追寻，也是对教育本质的探索。在追求教育真谛的过程中，教师只有将教育研究扎根于教育实践中，客体与主体、科学与人文、规律与价值的分立才能得到消弭，教育的真谛才能得到通明。[①] 教学实践改进是教学研究的根本目的，即通过教学研究改进教学实践，从而提高教学的效率。

---

① 李继.论教师作为教育实践的研究者[J].成都师范学院学报，2021，37(7)：15-19.

（二）教师职业的新角色

在教育改革的大环境下，教师角色也发生了变化，除了上文提到的几种基本角色外，新课程标准还赋予了教师新的角色。

1.教师是学生学习的合作者

教学活动不是教师一个人的独角戏，而是一个需要教师和学生共同参与的活动，在活动中，教师与学生不仅需要不断地互动，还需要相互合作，教学相长。教师与学生的合作是指与学生一起经历探索的过程，并在探索的过程中分析经验，同时针对学生遇到的问题进行指导，从而培养学生搜集信息、处理信息以及解决问题的能力。当然，作为学生学习的合作者，教师还应该引导学生之间学会合作，让学生相互交流，探讨学习方法，在相互帮助的氛围中学习知识，并获得合作能力的提升。

2.教师是学生心理的疏导者

新课程要求教师注重学生的全面发展，其中包括学生的心理发展。对于学生来说，其身心发展还不成熟，在面对很多问题时，尤其在面对一些心理问题时，往往会表现得不知所措，如果教师不能及时帮助学生梳理，不仅会影响学生的学习，还会影响学生的健康成长。新时代的教师，不能仅仅将精力放在学生的学习成绩上，更要关注学生的心理发展，当发现学生出现心理问题或者心理障碍时，应及时和学生交流，详细了解学生的情况，分析学生心理问题产生的原因，然后有针对性地对学生进行疏导。在有必要的情况下，教师还可以联系学生家长，和学生家长一起对学生进行心理上的疏导，从而帮助学生突破心理上的障碍。

3.教师是自我进步的学习者

新课程强调终身学习理念，即在传授学生知识的同时，培养学生终身学习的理念。其实，对于教师而言，同样应该具备终身学习的理念。如今，我们已经进入知识爆炸的时代，知识更迭速度越来越快，如果教师不能秉持终身学习的态度，不断学习，不断提升自我，那么在未来将会难以满足教育的需求，这不仅会增加教师本身被淘汰的概率，还会影响学生的学习与发展。另外，在教学实践中，教师不可避免地会遇到很多问题，对于教师而言，这些问题其实也是他们实现自我成长的阶梯，但要解决问题，就必然需要学习。因此，站在教师发展的视角，教师必须要以一个学习者的角色约束自我，从而在不断地学习中实现自我提升。

三、教师职业角色的形成过程

职业角色是从事该职业人员对自身职业角色的定位。对于教师而言，从一名新教师成长为一名成熟的教师，其职业角色的形成大约会经历三个阶段，如图 1-1 所示，在不同的阶段，教师对其职业角色的认识也不同。

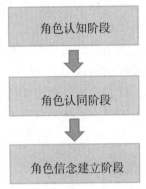

图 1-1　教师职业角色的形成过程

（一）第一阶段：角色认知阶段

第一阶段是对教师角色认知的阶段，这是包括教师职业在内，所有从事某一职业人员都会经历的一个阶段，这是从事该职业的基础，毕竟只有对所从事的职业有所认识，才能够踏上从事该职业的道路。对于教师职业来说，教师对自身职业的认知包括以下几点：

（1）教师的职责是什么？对于这一点，不同的人有不同的认识，但归根结底，都是以教书育人为最基本的职责。

（2）教师应具备哪些知识？专业知识是教师从事该行业的基础，但除了专业知识外，教师还需要具备哪些知识，这是每一位教师都应该了解的。

（3）教师的言行举止哪些是合适的，哪些是不合适的？教师作为学生的榜样与表率，其言行举止无疑会对学生产生影响，因此，必须要严格约束自己的言行举止。

（4）教师与学生的关系应该是怎样的？关于教师与学生的关系，不同的人也有不同的认识，比如有人认为教师与学生应该是亦师亦友的关系；有人认为教师与学生是教学相长的关系。在笔者看来，无论怎样的师生关系，只要以"平等"两个字为核心，都是正确的师生关系。诚然，在学术知识上，教师处于权威地位，但这种权威性不能附加到基本的人权上，即教师不能以一种居高临下的态度对待学生，而是要和学生平等相处。

（二）第二阶段：角色认同阶段

所谓角色认同，是指个体接受角色规范的要求、自觉履行角色规范的程度，反映了个体实际的态度及行为与所应扮演角色之间的一致性。[①] 对教师而言，对教师角色的认同不但表现在对本身角色行为规范、职责任务的认同，并时刻用优秀教师的标准去严格要求自己，而且在情感上也表现强烈，如热爱自己的职业、热爱学生等。对教师角色的认知可以在职前教育阶段完成，即在师范学校接受教育时便能够对教师的角色形成一定的认知，但对教师角色的认同必然是发生在教育实践阶段，只有经过了教育实践，教师才能从对教师角色的基础认识上升到对教师角色的认同。从某种意义上来说，此时，个体才能真正成为教师。

（三）第三阶段：角色信念建立阶段

信念表现为一种信仰和追求，对于从事任何一种职业的人都可能形成自己的信念，这是其职业角色形成的第三阶段，也是最高阶段。在这一阶段，个体对职业的态度已经不单单是认同，而是表现为对所从事事业的热爱，甚至能够做到无私奉献。当教师的角色信念建立之后，教师角色的社会要求（或职业要求）将转变为自身的内在要求，即在没有外力的作用下，教师同样会严格地要求自己。与此同时，教师和职业角色融为一体，教师角色的荣誉感、使命感等深深地融入教师的血液，教师可以为了教育事业无私奉献，真正达到"春蚕到死丝方尽，蜡炬成灰泪始干"的境界。

四、教师职业角色的冲突与适应

（一）教师角色冲突

1.教师角色冲突的类型

冲突是社会中的普遍现象，这在以交际为主体的社会中是必然存在的。而作为某一角色的个体，也不可避免地会发生角色上的冲突。那么什么是角色冲突？熊德明在《冲突与调适：社会转型中的大学教师角色》一书中指出："角色冲突的主要内涵是指角色扮演者在角色扮演情境中心理上、行为上的不适

[①] 霍军亮.社会转型期农村基层党员思想建设研究 — 基于对鄂中东溪镇的考察[M].武汉：武汉大学出版社，2014：94.

应、不协调状态，它既包括同一个主体扮演的同一角色内的冲突和不同角色之间的冲突，又包含不同角色主体互动中的不协调而产生的冲突。"① 关于教师角色冲突，熊德明以大学教师为例，在书中给出了解读："大学教师角色冲突是指大学教师在扮演教育者、研究者、服务者和社会批评者等角色行为时产生的角色行为与角色认知或角色期待不协调状态的内心体验，包含角色内冲突、角色间冲突和角色外冲突。"② 笔者认为，教师角色冲突普遍发生在教师间，且无论任何阶段的教师角色冲突都可以归结为上述三种。

（1）角色内冲突。教师的角色内冲突是指教师所扮演的同一角色的内部矛盾。角色内冲突产生的原因有内因和外因两个方面。内因是指教师自我内部产生的一些因素，如理想角色与现实角色之间的差距。很多教师在刚刚从事教师职业时怀有崇高的理想，但经过了一段时间的教学实践后，理想与现实的差距让很多教师产生了内在的矛盾，这种矛盾或许会成为激励教师前进的力量，也或许会成为阻碍教师前进的绊脚石，如果教师不能从矛盾中奋进，而是选择沉沦，则会使理想角色与现实角色的差距越来越大，从而进一步激化教师的角色内冲突。

外因是指外部产生的一些因素，如学生家长、学校领导等。在教学实践的过程中，教师会逐渐形成自己的一套教学理念与管理理念，但有时教师的教学理念与管理理念会被学生家长或学校领导否定，在学生家长或学校领导的影响下，教师很可能会产生角色内冲突，甚至因此否定自我，影响教学质量。

（2）角色间冲突。角色间冲突是指发生在同一个角色扮演者所扮演的不同角色之间的冲突。③ 每个个体在社会生活中都扮演着多个角色，而在不同的角色中，社会对其赋予了不同的责任与期望。每个个体的精力都是有限的，在履行某一种角色义务的时候，必然会影响另一种角色义务的履行，也就不可避免地会产生角色间的冲突。对于教师来说，在课堂内，他（她）是一个教师；在家庭中，他是一个父亲（母亲）、儿子（女儿）；在社会中，他是大众口中的"人类灵魂的工程师"。在"人类灵魂的工程师""园丁"等诸多赞誉下，教师要履行其作为教师的职责和义务，但这很可能会影响其在家庭角色扮演中

---

① 熊德明.冲突与调适：社会转型中的大学教师角色[M].武汉：华中师范大学出版社，2018：37.

② 熊德明.冲突与调适：社会转型中的大学教师角色[M].武汉：华中师范大学出版社，2018：38.

③ 熊德明.冲突与调适：社会转型中的大学教师角色[M].武汉：华中师范大学出版社，2018：46.

要承担的责任，从而造成角色间的冲突。

（3）角色外冲突。角色外冲突是指教师个体与其他个体产生的冲突。作为社会中的一员，与他人的互动是必不可少的，而在互动的过程中，不可避免地会产生冲突。仅仅以校园这一空间为例，教师角色外的冲突主要表现为教师与学生、教师与学校管理者以及教师与教师之间的冲突。其中，教师与学生之间的冲突最为突出，也最受社会大众关注。教师与学生冲突形成的原因是复杂的，冲突的形式也是多样的，甚至有人认为教师与学生之间存在不可跨越的"鸿沟"。其实，无论教师与学生产生冲突的原因是什么，无论表现为怎样的形式，其冲突并非是天然存在的，也并非如"鸿沟"般不可逾越。如果剖析教师与学生冲突产生的原因，教师与学生都有一定的责任，但由于学生（尤其未成年学生）身心发展还不成熟，在很多事情的处理上欠缺理性的思考，这就需要教师承担起更多的责任，从自身角度出发，尽可能避免冲突的产生，或者在冲突产生的初期将其遏止。

2．教师角色冲突的解决方法

教师角色冲突产生的原因是复杂的，冲突产生的形式也是多样的，所以教师角色冲突的解决需要依靠多种途径。

（1）社会途径。社会大环境在很大程度上影响着教师角色冲突的形成以及教师角色冲突的剧烈程度。因此，社会应通过营造良好的社会环境，缓解教师角色冲突。比如，通过制定相应的政策与加大社会宣传，在全社会树立正确的教师观，让社会大众对教师有一个正确的认识。与此同时，通过政策与宣传，提升教师的角色荣誉感，这样不仅可以提升教师的自我认同，还可以提升教师周围人对教师的认同，对于缓解教师角色冲突具有非常积极的意义。

（2）学校途径。学校是教师工作的主要场所，对教师的影响是直接的，也是至关重要的。从前文对教师冲突的论述中不难发现，学校在教师角色冲突的形成中是一个非常重要的因素，所以必须要抓住学校这一途径。从学校角度出发，一方面学校应构建民主的参与制度。在现代社会，平等是基本的价值诉求，在学校也是如此，虽然学校内部成员分为管理者和教师，但从身份地位上看，二者应该是平等的，不同的只是责任义务。通过建立民主参与制度，教师可以以平等的身份参与到学校一些事务的讨论中，并站在教师的视角下争取更多的利益，如教学研究的利益、教学的利益等。另一方面，学校应完善教师角色支持系统。笔者在前文对教师新角色的分析中，提出了"教师是学习者"的观点，学校是教师工作的场所，理应支持教师自我学习的态度，而且从学校自身长远发展的角度看，也应该将教师专业度的提升作为一项重要的任务。因此，学校要建立完善的教师角色支持系统（比如，建立资料室，购买各种参考资料，供教师教学、研究或自学用），为教师提供学习、发展的环境，而随着教师专业度的不断提升，一些角色冲突也会随之化解。

（3）个人途径。教师是角色冲突的最直接承受者，要调适"角色冲突"，教师的自我调适起着决定性的作用。[①]针对教师的自我调适，可以从自我分析和对他人的分析这两个途径着手。一方面，教师在对自我的分析中，要从实际出发，秉承实事求是的原则，对自己做一个正确的定位，切忌过于理想化或因为对自己的认知偏差出现角色定位的错位、缺位、越位等情况，从而产生角色冲突。另一方面，在看待他人（学生、学校管理者与其他教师）时，教师应学会从自身的视角剥离出去，即所谓的换位思考，因为每个人的行为无论对错，其产生都有一定的原因，只有了解了这些原因，才能理解他们产生的行为，而理解了其行为产生的原因，对他人自然也会多一分理解，从而有助于解决与他人的冲突。当然，要做到换位思考并非易事，尤其在面对学生时，一些学生可能并不会对教师敞开心扉，这时就需要教师主动与学生沟通，在与学生的交流中了解学生，化解矛盾，进而促进教师角色冲突的解决。

（二）教师角色适应

作为社会中的一员，个体应去主动适应变动的社会（或环境），这便是角色适应。具体而言，教师角色适应主要包括角色形象适应、角色职责适应和角色自我人格适应三个方面。

1. 角色形象适应

教师形象适应是指教师在外部形象上要适应社会对教师的要求，比如要求教师以身作则、关爱学生。教师是一个古老的职业，在长时间的发展过程中，人们逐渐形成了对教师角色的认知，并在社会大众心中逐渐形成了某种固定的形象，虽然有些形象的认识比较偏激，但多数形象比较客观。对于教师而言，不要完全被社会大众形成的形象认知所禁锢，尤其要摆脱那些偏激的形象认识，但对于那些客观、正确的形象要保持一个理想的态度，并在日常的教学实践中逐步适应，从而为社会大众营造一个内在形象与外在形象相一致的教师角色。

2. 角色职责适应

教师的角色职责是什么？概括而言就是四个字——教书育人。虽然只有短

---

① 周淑卿.课程发展与教师专业[M].北京：九州出版社，2006：79.

短的四个字，但真正落实起来并非一件易事，而是需要教师不断地实践、不断地学习、不断地反思，才能逐步做到对教师角色职责的适应。当然，笔者在上文针对教师角色也做了分析，教师除了扮演着教师角色之外，还扮演着其他的角色，如何在适应教师角色的基础上，同步适应其他的角色，也是教师需要考虑的一个问题。

3.角色自我人格适应

什么是人格？心理学将个性、性格统称为人格，是指一个人在与社会环境相互作用中表现出来的独特的行为模式、思维方式和情绪反应的特征。也就是一个人区别于其他人的特征。因此，人格就表现在人的思维能力、认知能力、行为动机、情绪反应、人际关系、态度和信仰、道德价值观念等方面。[①]从对人格的定义中不难看出，人格是一种复杂的心理特征，并通过人的外在行为得以表现。教师对角色的自我人格适应就是从行为动机、态度信仰、道德价值观念等多个方面融入教师角色之中，这是一种深层次的适应，是对教师角色的全面肯定，并能够通过自己的实践行为去落实。

其实，无论是教师的角色冲突，还是教师的角色适应，都不是绝对的，也不是静态的，而是时刻处在一种动态之中，即在教师角色冲突中，教师不断适应教师角色。与此同时，在适应教师角色的过程中，又不可避免地产生新的冲突，教师角色便是在这样一个动态的过程中逐渐形成并深化的，如图 1-2 所示。

图 1-2　教师角色冲突与教师角色适应的动态关系

---

① 王伟，郭俊清，伍仟梦.最新热门职业 — 圆梦指导师 [M].成都：电子科技大学出版社，2017：221.

第二节 教师的权利与义务

一、教师的权利

（一）国家赋予教师的权利

关于教师的权利，在《中华人民共和国教师法》第七条中有明确的规定，教师享有以下权利：

（1）进行教育教学活动，开展教育教学改革和实验；

（2）从事科学研究、学术交流，参加专业的学术团体，在学术活动中充分发表意见；

（3）指导学生的学习和发展，评定学生的品行和学业成绩；

（4）按时获取工资报酬，享受国家规定的福利待遇以及寒暑假期的带薪休假；

（5）对学校教育教学、管理工作和教育行政部门的工作提出意见和建议，通过教职工代表大会或者其他形式，参与学校的民主管理；

（6）参加进修或者其他方式的培训。

（二）教师权利的具体阐述

1.教育教学权

参与教育实践，开展教学活动，这是教师最基本的权利。作为一名教师，在教学大纲以及学校教学计划的要求下，教师有权结合班级实际情况以及教师自身的教学特点组织教学活动，并有权针对教学方法、教学模式等进行改革和试验。无论是教育部门还是学校，都无权非法侵害和剥夺教师教育教学的权利。

2.科学研究权

科学研究权是教师从事科学研究、学术交流的权利。对教师而言，从事科学研究不仅有助于自身的发展，还有助于教育事业的发展。在教师完成教学任务的基础上，教师有权利从事相关的教育研究工作，如撰写学术论文、研究教学方法等，学校非但无权干预，还应该通过多种途径支持教师的科学研究工作。当然，在进行科学研究时，教师要权衡好教学与科研的关系，使教学和科研相辅相成，相互促进，切忌顾此失彼。

3.学生管理权

学生管理权并非传统意义上的管理，而是赋予教师教导学生、评价学生的权利。教师是教学活动的组织者，是第一线的教育践行者，他们对学生更加了解，对教学活动的开展情况也更加明了，所以教师必须要具有一定的学生管理权，这样才能结合实际情况，尤其是结合学生的身心发展特点，做到因材施教。另外，针对学生的表现（包括学业与德行上的表现），教师也有权做出评价，并将这些评价告知学生家长。对学生进行评价的目的并非给学生下一个"好"或者"坏"的定论，而是要通过尽可能客观的评价，让学生以及学生家长了解学生的优点或缺点，并以此作为指导学生发展的一个重要依据。在行使管理权时，教师应秉承平等的理念，即教师不是学生的管理者，而是学生的引路人，在引导学生的过程中要加强对学生的关心，做到严中有爱、爱不失严。

4.获取工资报酬的权利

作为一种职业，教师有权获得相应的工资报酬，并按照国家规定享受相应的福利待遇与假期，这是教师的基本物质保障权利。学校必须严格按照国家以及有关部门规定，按照教师聘任合同，按时、足额地给教师支付工资报酬，不能非法克扣和拖欠教师工资。

5.民主管理权利

作为学校的一员，教师享有对学校的民主管理权，即通过学校职工大会（或者其他形式）参与到对学校的管理中。民主是国家的宏观政策，在学校中同样要践行民主的举措，赋予教师参与教育管理的权利。相较于学校的管理者而言，教师把更多的精力放在了教学与科研上，对学校的长远发展也许提不出建设性的意见，但教师作为一线的教育工作者，对教学的了解更为深入，针对教学，教师无疑能够提出很多建设性的意见。另外，教师也有权针对本校的利益提出意见，这是教师保障自身权利的一个有效途径。总之，教师参与学校管理的权利应体现在方方面面，以职工代表大会这一途径为例，教师民主管理权利包括：听取校长的工作报告，讨论学校年度工作计划、发展规划、改革方案、教职工队伍建设等重大问题；讨论职工奖惩办法以及其他与教职工有关的基本规章制度；讨论教职工的住房分配以及其他有关教职工的一些福利事项；监督学校管理工作等。

6.进修培训权

每一位在学校任教的教师都享有继续教育的权利，这在强调终身学习理念的今天显得更为重要。通过开展教师的继续教育，不仅有助于教师自身的发展，对于提高教学质量也大有助益。也正是基于这一认识，《中华人民共和国教师法》赋予了教师进修培训的权利。教育部门以及学校应积极满足教师进修培训的需求，通过多种途径为教师创造学习的条件，并在保证教师本职工作的基础上完成对教师的继续教育。

二、教师的义务

（一）国家规定的教师义务

关于教师的义务，在《中华人民共和国教师法》第八条中有明确的规定，教师应当履行以下义务：

（1）遵守宪法、法律和职业道德，为人师表；

（2）贯彻国家的教育方针，遵守规章制度，执行学校的教学计划，履行教师聘约，完成教育教学工作任务；

（3）对学生进行宪法所确定的基本原则的教育和爱国主义、民族团结的教育，法制教育以及思想品德、文化、科学技术教育，组织、带领学生开展有益的社会活动；

（4）关心、爱护全体学生，尊重学生人格，促进学生在品德、智力、体质等方面全面发展；

（5）制止有害于学生的行为或者其他侵犯学生合法权益的行为，批评和抵制有害于学生健康成长的现象；

（6）不断提高思想政治觉悟和教育教学业务水平。

（二）教师义务的具体阐述

1.遵守法规与职业道德

法律法规是每一个国家公民活动的基本准则。要想成为一名合格的教师，首先要遵守国家的法律法规，不做违法的事情，同时在日常的教学中培养学生的法治观念，让学生也能够懂法、用法、不违法。职业道德是指从事一定职业的人们在其履行职业职责的过程中应遵循的特定的职业思想、行为准则和规范，是与之相适应的道德观念、道德意识、道德活动的总和，是一般社会道德在特定的职业活动中的体现，是人们在从事本职业的过程中形成的一种内在的、非强制性的约束机制。[①]对于教师而言，其应遵守的职业道德在教育部发

---

① 田永伟，吴迪.大学生职业发展指导[M].北京：光明日报出版社，2019：249.

布的《中小学教师职业道德规范》中有明确规定，虽然该规范是面向中小学教师，但笔者认为该规范提到的六点对于每一位教师都适用，也是每一位教师都应该严格遵守的，即爱国守法、爱岗敬业、关爱学生、教书育人、为人师表、终身学习。

2. 完成教学任务

教师的主要工作是教学，在教学过程中，教师拥有一定的权利制订更具针对性的教学计划和教学模式，毕竟教师处在教学的第一线，对学生情况更为了解。但是，教师的教学计划应以国家规定的教学大纲以及学校教学计划为指导，并在保质保量完成教学任务的基础上制订，否则就会影响学生的学习，这一点是每一位教师都需要遵守的。

3. 加强对学生的全面教育，组织学生参与社会活动

现代教育是"全人"的教育，强调的是学生的全面发展，而不仅仅是"智能"的发展。因此，除了对学生进行学科教育之外，教师还需要对学生进行爱国主义教育、法治教育、思想品德教育、科学技术教育，让学生获得全面的发展与提升。另外，教育不能仅局限在校园这一地域范围内，社会是一个教育的大熔炉，在这个大熔炉中，学生可以学习到很多在学校中学习不到的东西，所以除了日常的教学活动外，教师还可以结合教学内容，不定期地组织一些社会实践活动，让学生在实践中获得身心的进一步发展。

4. 尊重学生

我国宪法规定："中华人民共和国公民的人格尊严不受侵犯。"学生同样是我国的公民，虽然中小学阶段的学生属于未成年，但也是国家的公民，教师不能忽视他们的人格尊严。在教学中，教师处于教导者的地位，而有些教师受传统师生观的影响，有时会侵犯学生的人格尊严，比如体罚或变相体罚学生，对于学生而言，这不仅是一种不尊重的体现，还不利于学生身心的健康发展。学生（尤其未成年阶段的学生）的身心发展还不成熟，犯错不可避免，教师应耐心地了解学生情况并给予他们悉心的教导，让学生感受到自己被尊重，而不是简单粗暴地采取惩罚的方式，这样只会适得其反。

5. 保护学生合法权益，保障学生身心健康发展

保护学生的合法权益是全社会的共同责任。作为学生的教导者，教师不仅不能侵害学生的合法权益，还应该承担起保护学生合法权益的责任，对所有有可能损害学生合法权益的行为坚决抵制。另外，保障学生身心健康发展也是教师的义务。除学生家长外，教师是与学生接触最多的一个群体，能够察觉到学生身心的变化，也能够通过与学生的沟通了解学生的具体情况，当发现学生

存在身体或心理上的问题时，要及时采取措施或与学生家长联系，从而为学生身心的健康发展保驾护航。

6. 提升自我

笔者在前文多次提及教师的自我提升，这既是教师的权利，也是教师的义务。当然，教师义务中的"教师自我提升"，除了要提升自己的专业水平外，还应提升自己的思想政治觉悟。教师是学生的领路人，教师的思想政治觉悟会对学生产生影响，如果教师自己在思想觉悟上不合格，那么就会导致其培养出来的学生出现思想觉悟上的偏差。因此，在自我提升上，教师不能仅注重提升教学业务水平，还应该从思想政治觉悟等多个方面提升自我，做一名优秀的教师。

为了保障教师的权利和义务，在《中华人民共和国教师法》第九条中也明确指出，各级人民政府、教育行政部门、有关部门、学校和其他教育机构应当履行下列职责：

（1）提供符合国家安全标准的教育教学设施和设备；

（2）提供必需的图书、资料及其他教育教学用品；

（3）对教师在教育教学、科学研究中的创造性工作给以鼓励和帮助；

（4）支持教师制止有害于学生的行为或者其他侵犯学生合法权益的行为。

上述职责的具体阐述使教师的权利得到了保障，也督促教师要切实履行其职责，对促进教师的发展以及教学质量的提高都具有非常积极的意义。

第三节　卓越教师的概念与特征

一、卓越教师的概念

2010年，教育部根据《国家中长期人才发展规划纲要（2010—2020年）》和《国家中长期教育改革和发展规划纲要（2010—2020年）》的有关精神要求，选择部分高校，着手实施卓越教师、卓越工程师、卓越医师和卓越律师等几类人才培养模式改革试点工作。2012年，教育部组织部分师范院校开展"卓越教师培养体制改革试点项目方案"，创造性地实施了"卓越教师"人才培养计划。[①]2014年8月，教育部颁布《关于实施卓越教师培养计划的意见》（以下

---

① 周春良. 卓越教师的个性特征与成长机制研究 [D]. 上海：华东师范大学，2014.

简称《意见》），《意见》明确提出建立高校与地方政府、中小学协同培养新机制，培养一大批师德高尚、专业基础扎实、教育教学能力和自我发展能力突出的高素质专业化的卓越中学教师、卓越小学教师、卓越幼儿园教师、卓越中等职业学校教师和卓越特殊教育教师。实施卓越教师培养计划的根本目的就是不断深化教师培养机制、课程、教学、师资、质量评价等方面的综合改革，努力培养一大批有理想信念、有道德情操、有扎实学识和有仁爱之心的好老师。①

"卓越教师培养工程"作为我国卓越人才培养的一项重要内容，在提出之后就受到了社会广泛的关注，关于卓越教师的研究也开始出现，但由于卓越教师出现的时间较短，目前关于卓越教师的研究并不是很多，而且针对卓越教师概念的解读也存在差异。因此，在本书针对卓越教师的论述中，笔者首先就卓越教师的概念做一个界定。

（一）卓越

要想了解卓越教师的概念，首先要明确卓越的概念。何为卓越？"卓"，其意为高超、高远、超然独立，"越"，其意为越过、超过，结合到一起（卓越）的意思是超出一般、非常优秀的意思。相较于优秀而言，卓越更进一层，是"优秀中的优秀"。如果说优秀的对立面是"差不多""凑合"，那么卓越则是不止于优秀，在达到优秀后仍旧需要不断努力，从而达到"优秀中的优秀"。至于怎样才算是优秀中的优秀，达到什么程度才能算是卓越？我们很难将其量化，但在具体的实践中，也会有一些客观的特征标准作为参考，再加上一些主观的判断去对其进行考察。

（二）卓越教师

在明确了卓越的概念之后，我们便可以对卓越教师下一个简单的定义，即非常优秀的教师。但由于我们无法将卓越进行直观量化，因此还需要针对卓越教师做进一步的解读。

关于卓越教师的概念，笔者查阅文献资料后发现，很多学者都对这一概念做出了界定，虽然不同的学者针对卓越教师的定义不同，但对于我们理解和界定卓越教师具有非常大的参考意义。

石洛祥等人认为，具有丰富的学科专业知识和教育教学知识、具有从事教育工作的优秀道德品质和知识能力、胜任并关注教书和育人三个方面的特质

---

① 杨靖.打造卓越教师 支撑教育综合改革 [N].科技日报，2014-09-30(7)．

的教师属于卓越教师。[①]

祁占勇认为，卓越教师是能够创新而卓著地开展教育活动的优秀教师，在深层背景上，应该是研究型教师、学者与专家型教师、魅力型教师、个性化教师的合体，具有为人师表的人格风范、健全的民主法制观念、强烈的创新意识、良好的研究能力、深厚的文化底蕴和完备的知识结构等基本素养。[②]

杜瑞军运用访谈法，通过对50位教学名师的访谈，发现卓越教师具有科学合理的学科知识结构与教学理论、娴熟的课堂教学技巧、良好的职业认同、良好的师生关系以及教研关系。[③]

尽管不同学者针对卓越教师的界定不同，但通过分析这些概念也不难从中总结出一些共同点。其一，视角相同，即都从卓越教师应具有的特征着手，虽然关于卓越教师特征的论述不同，但都对卓越教师应具有的特征给予了非常高的标准。其二，界定的方法相同，即都采取了描述式的方法对卓越教师的概念进行了界定。

通过分析、总结不同学者对卓越教师所下的定义，笔者认为可以从不同的角度对卓越教师的概念进行界定。从教师特征看，卓越教师拥有很高的教学水平、拥有高尚的师德素养、具有独到的教育思想等，并且在此基础上不断追求自我的发展；从教师类型看，卓越教师是教师群体中的佼佼者，是众多教师的代表，是其他教师学习的榜样。

二、卓越教师的特征

关于卓越教师的特征，不同的学者也有不同的解读。比如，美国的教育家保罗·韦德曾对数万名学生做过调查，结合学生的反馈，他认为，卓越教师应具备12项关键特征[④]，其顺序如下：

（1）合作、民主的态度；

（2）对待学生友善、体贴；

（3）耐心；

---

① 石洛祥，赵彬，王文博.基于卓越教师培养的教育实习模式构建与实践 [J].中国大学教学，2015(5)：77-81.

② 祁占勇.卓越教师专业能力成长的合理性建构 [J].当代教师教育，2014，7(3)：42-47.

③ 杜瑞军.从教学学术到教学实践：卓越教师基本特征探析 [J].新疆师范大学学报（哲学社会科学版），2014，35(1)：119-126.

④ 周明星，周先进，高涵，等.乡村卓越职教师资培育导论"3D"模式理论与范式 [M].长沙：湖南师范大学出版社，2016：17.

（4）兴趣广泛；

（5）良好的个人形象和仪表态度；

（6）公平和公正；

（7）幽默感；

（8）良好的性格，始终如一的态度；

（9）关心学生；

（10）灵活性；

（11）对学生赞许和表扬；

（12）非凡的教学能力。

朱晟利认为，卓越教师具有以下 7 个品质特征：具有追求卓越的教育信念和高尚的职业道德；能够成为学生健康成长的指导者和引路人；具有精深的专业知识，牢固掌握任教学科的专门知识，同时熟悉一定其他学科的专业知识；具有扎实的专业能力，既有驾驭任教学科的专业能力，又有从事教育工作的特殊能力；具有较强的创新精神和实践能力，能够及时发现、分析、解决实际教育工作中存在的问题；具有可持续发展的潜能，既能在毕业后较快地适应教育工作，又能在终身专业发展中不断进取，较快成长为学科带头人和骨干教师；具有合作精神与分享意识，不仅自己追求卓越，还要带动其他人共同进步，对每一个教育对象都充满期待并努力帮助其成为卓越的自己。[①]

刘湘溶总结了卓越教师具有以下 4 个方面的特征：第一，具有包容进取的教师德性。即具有不断追求自我存在的教师德性，从而使自己始终保持开放的学习状态，积极进取，探索教育真理，寻求日常教育生活的创新与突破。第二，具有被教师文化所浸染的胸怀教育、坚持理想、从容淡定的教师气质。第三，具有广博的知识素养和深厚的文化涵养。第四，具有过硬的教育实践能力。卓越教师不仅能站稳讲台、上好课，还能纵览教育改革大势，明教育之过去，晓教育之未来，既具备细致入微的课堂教学能力，又具备把握全局的教育探索与改革的能力。[②]

通过分析不同学者对卓越教师特征的界定，结合笔者本人的认识，笔者认为，卓越教师的特征应包含六个方面：高尚的职业道德、扎实的专业知识、出色的教学技能、强烈的创新意识、良好的教学反思精神、正确的师生观。上述六个特征相互联系，共同构成了卓越教师的关键特征，如图 1-3 所示，下面笔者将针对上述六点做进一步的论述。

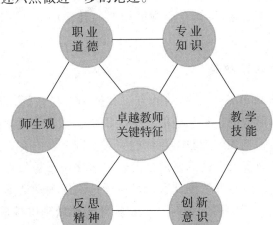

图 1-3　卓越教师的关键特征

（一）高尚的职业道德

教师的职业道德在前文已有论述，这是每一个从事教师职业都必须遵守的道德规范。职业道德是对教师提出的道德要求，从道义方面规定了教师在教育过程中要以怎样的态度、情感与方式去做好工作，这是约束教师教学态度与行为的准则，也是调整教师与教师、教师与学校管理者、教师与学生以及教师与学生家长关系的准则。一名卓越教师，首先要具备高尚的职业道德，当然，这种高尚并不要求教师必须要无私奉献自己，但在日常的教学中应做到爱国守法、爱岗敬业、关爱学生、以身作则。

（二）扎实的专业知识

"师者，所以传道受业解惑也"，教师的职责之一是向学生传授知识，为学生解答问题和疑惑，这就需要教师对专业知识有足够的了解。的确，教师要给学生一杯水，首先自己要有一桶水，如果教师自己的专业知识都不扎实，那么就不能很好地为学生解答疑惑。而一名卓越的教师，对专业知识的掌握一定是非常扎实的，并且具有广博的知识结构，能够透彻地掌握学科的前沿知识。要做到这一点并非易事，首先，教师需要深入钻研学科知识，了解和学习理论研究的前沿，巩固专业技术，不断积累扎实的知识素养。其次，教师要不断更新现有的知识结构，在知识更迭速度不断加快的今天，不能故步自封，一味守着旧的知识，而是要不断学习新的知识，不断更新和完善自己的知识结构。最后，教师需要进行跨学科、跨专业学习，构建网状知识结构。除了具备扎实的专业知识外，还需要掌握与其专业领域相关的其他知识，并能够利用其辅助教学。

（三）出色的教学技能

教学技能是教师开展教学活动的方法和技巧，是教师在理论指导下，通过教学实践而逐渐形成的。教学技能在很大程度上影响着教学的效果。在外在方面，教学技能的影响表现为教学目标的完成情况；在内在方面，教学技能的影响表现为学生能力以及个性的发展情况。一般来说卓越教师必然具备一套适合自己的教学技能，并能够依据课程标准灵活地组织教学活动和出色地完成教学任务。比如，在讲授学科知识时，卓越教师能够做到讲授精准、突出重点；能够结合教学对象和教学内容制订出有针对性的教学计划；能够维护课堂秩序，营造良好的课堂氛围；能够归纳总结课程重点，并结合课堂知识做出适当的拓展与衍生。

（四）强烈的创新意识

创新是当今时代非常重要的一项素养，无论从事什么职业，都需要具备一定的创新意识。作为"人类灵魂的工程师"和照亮学生前进道路的"灯塔"，教师自己首先不能因循守旧，要具备创新的意识，从知识结构，到教学理念，再到教学方法，都应该不断地寻求创新。卓越教师中的"卓越"含有不断超越之意，这种超越就是要创新，要不断突破。一个因循守旧、不懂创新、不懂变革的教师不能算得上是卓越教师。因此，在新时代的浪潮中，卓越教师必须具备创新意识，要不断探索研究新的问题，不断开拓新的道路，从而在"上下求索"中实现新的超越和新的突破。

（五）良好的教学反思精神

《论语·为政》中有云："学而不思则罔，思而不学则殆。"教学也是如此，只教学不思考就做不到融会贯通。在前文中笔者指出，教师角色的形成是一个较为漫长的过程，从青年教师成长为卓越教师无疑也是如此。在这个过程中，教师需要不断地进行反思，包括对教学理念、教学方法、言行举止等各个方面的反思，在反思中不断地完善自我，从而由青年教师逐步成长为卓越教师。就教师发展的进程而言，卓越教师是教师发展的最高层次，但卓越教师并不是静态的，也不是终点，在达到卓越教师的层次后，依然要不断地进行自我反思，而且这种反思要更为深入、更为全面。另外，卓越教师的反思应该成为一种自觉的行为，即能够做到时时反思、处处反思，而不是每隔一段时间就例行公事地走一遍过场，只有这样，才能真正将反思精神内化为教师的综合素养，并成为促进教师发展的一种良好习惯。

（六）正确的师生观

教师与学生是教学活动中的两个重要元素，从某种程度上来说，教学活动就是教师与学生不断互动、不断交流的一个过程，所以师生关系在很大程度上影响着教学的质量。而教师的师生观是影响师生关系的一个重要因素。我国是一个有着五千年历史的文明古国，在发展教育的两千多年时间里，形成了"尊师重道"的优良传统，此处的"尊"是尊敬之意，但有些教师却将其曲解为"绝对的权威性"，导致师生关系在一种"师尊生卑"的氛围中趋于恶化。现代教育强调的师生关系是一种平等的师生关系，在教学活动中，教师与学生应做到相互尊重，教师对学生的教导也应该是从引导者的角色出发，而不是从绝对权威者的角色出发。对于卓越教师而言，更是要秉承正确的师生关系，在教学中倡导"自由、合作、探索"的教学方式，在学生管理中倡导"相互尊敬、相互信任、相互理解"的和谐关系，从而使良好的师生关系成为提高教学质量的助推器。

第四节　专业到卓越的转变

从前文对卓越教师概念的界定中可知，卓越教师是指比专业教师更专业的教师，即"专业中的专业"。在教师的培养过程中，从专业到卓越的转变原因是复杂的，但综合来看，可以从教育的宏观视角、教师职业的中观视角以及教师个人发展的微观视角三个层面进行解读，如图1-4所示。

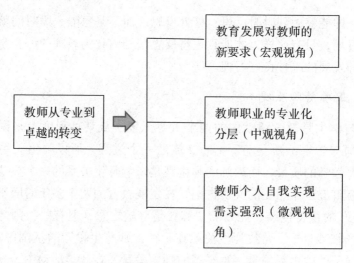

图 1-4　教师从专业到卓越的转变原因

一、教育发展对教师的新要求

站在宏观视角上可以看到，随着教育的发展，对教师的要求在不断提高。与此同时，作为促进教育发展的一个核心因素，教师只有实现专业化的发展，才能进一步推动教育的发展。因此，现代教育要求教师不断提升自身的专业性，不断追求专业发展的新的境界，即成长为卓越教师。

（一）卓越教师的提出符合教师职业的特点

卓越教师是教育发展对教师提出的新要求，相较于专业教师而言，卓越教师的要求无疑更加严格。但就教师职业发展的特点看，卓越教师的提出符合教师职业发展的特点，这是对教师发展到一定阶段提出的适当要求，并没有超出教师的职业范畴。在教学中，教师总是用"学无止境"去教导学生，并将培养学生的终身学习能力作为教育的目标，当把视线转移到自己身上时，也应该用相同的要求去约束自己。现代社会已经进入知识型社会，知识更迭速度在不断加快，教师不能凭借"老本"去教育学生，而是要不断学习新的知识，学习新的教育理念、教学方法，只有这样，才能教育出符合时代发展需求的学生。可以说，教师是学生的"领头羊"，如果教师与时代脱节，就无法教育出优秀的学生。因此，教师要正确看待教育发展对自身提出的新要求，要在做好本职工作的基础上不断寻求突破与超越，从而向着更高的专业境界迈进。

（二）卓越教师的目标能引领教师的发展

在卓越教师提出之前，专业教师是教师发展的一个目标，而随着我国教育事业的发展，专业教师显然已经不能满足教育的需求，因此在专业教师的基础上对教师提出进一步的要求就显得非常有必要，卓越教师就此提出。卓越教师作为一个更高的目标被提出，能够进一步激发教师发展的动力，尤其能够激发专业水平较高的教师的积极性。从职业发展的整个过程看，当一个人的职业发展到一定水平后，便可能会出现满足现状、止步不前的情况，对教师来说这显然不利于个人的发展。卓越教师的提出为教师树立了一个更高的目标，引导教师继续攀登。

二、教师职业的专业化分层

在很多专业性较强的职业领域，都有一套甄别专业水平的体系，通过对专业水平的区分，可以最大限度地发挥每一层次专业人员的能力。比如，专业技术职务制度、职称制度、专业岗位上岗制度等都是一种专业化分层的体现。专业化分层是有效配置人力资源的一个重要手段，同时也是激励专业人员不断提升自我的一个有效途径，因为要想获得更高层次的专业认证，就需要不断学习，不断提升自我，从而上升到相应的专业高度。

对于教师这一职业，自然也存在专业化分层，其中比较直观的一种分层方式便是教师职称（分为五个等级，依次为正高级教师、高级教师、一级教师、二级教师、三级教师）。目前，我国已经建立了比较完整的教师职称评定体系，通过对教师综合能力的考查，授予教师相应的职称，这在一定程度上可以反映教师的能力情况。

与教师职称评定的分层方式不同，卓越教师是在专业教师的基础上对教师专业化的进一步分层，这种分层方式并不直观，但同样可以起到教师职业专业化分层的作用。如今，随着教育改革的逐步深化，教育教学中需要面临和解决的问题越来越突出，而专业化的教师在解决这些突出问题中的作用也越来越凸显，这就要求学校针对教师职业做更加专业化的分层，在专业教师的基础上培养一批卓越教师，并充分发挥卓越教师的引领作用，从而带领学校教师共同解决教育教学中的突出问题。

三、教师个人自我实现需求强烈

由马斯洛的需求理论可知，人类的需求分为五个层次：生理需求（如食物、水、睡眠）、安全需求（如人身安全、家庭安全）、社交需求（如友情、爱情）、尊重需求（如尊重他人、被他人尊重）和自我实现的需求（如个人理想、自觉性）。在通常情况下，上述需求如同阶梯一般从低到高，当低层次的需求得到满足之后，自然会产生更高层次的需求，而当更高层次的需求产生之后，便会激发动机，并驱使人类产生某些行为，以满足其需求。对于教师而言，前四个层次的需求比较容易满足，因此很多教师都存在自我实现的需求，这种需求驱使着教师不断提升自我，不断朝着更高的目标迈进。

笔者认为，教师的自我实现在于对教育意义的探寻、对教育价值的追求以及对自我价值的实现，而不是单纯地为了"名"或"利"。教师大多接受过高等教育，在接受教育的过程中，他们初步形成了对教育价值的认知，并在任教后的教学实践中不断加深这一认知，所以很多教师的教育责任意识要远远高于金钱意识，这也是驱使教师不断追求真理的一个动力所在。其实，在教育实践中我们经常可以看到这样一些现象，有些教师在达到一定水平后，获得一定的"名"后，便开始变得"好逸恶劳"了，专业发展也慢慢荒废；而有些教师在达到一定水平后，非但没有停滞，反而劲头更盛。之所以两类教师出现如此大的反差，一个重要的原因就是前一类教师以"名利"为目标，当目标实现后，便失去了动力源头；而后一种教师则是源于对教育事业的热爱和执着，"对事业的执着、对生活意义的探寻、对职业价值的追求。这成了他们成长的原动力，成了他们不断进步、走向成功的力量源泉。这一基质如一座能量库，不断燃烧着工作的激情，不断喷涌着催人向前的热浪"①。

当然，在自我实现的过程中，教师也需要有一个明确的目标导向，卓越教师的提出为教师树立了一个目标导向，这也是卓越教师提出的意义所在。

① 成尚荣.名师的基质[J].人民教育，2008(8)：37-41.

第二章 卓越教师培养的基础

第一节 卓越教师培养的相关政策

一、我国"卓越教师培养计划"概述

2012 年，为贯彻落实《国家中长期教育改革和发展规划纲要（2010—2020 年）》和《国务院关于加强教师队伍建设的意见》（国发〔2012〕41 号），教育部、国家发展改革委、财政部联合发布了《教育部、国家发展改革委、财政部关于深化教师教育改革的意见》（教师〔2012〕13 号），该意见明确提出要构建开放灵活的教师教育体系，完善教师培养培训制度，创新教师教育模式，深化教师教育课程改革，加强教师教育师资队伍建设，开展教师教育质量评估，加强教师教育经费保障。

2014 年，基于对教师培养重要性的认识以及教师培养中的薄弱环节，教育部印发了《教育部关于实施卓越教师培养计划的意见》，旨在通过实施卓越教师培养计划，推动教师教育院校不断深化教师培养机制、课程、教学、师资、质量评价等方面的综合改革，努力培养一大批有理想信念、有道德情操、有扎实学识、有仁爱之心的好教师。

2018 年 10 月，为培养造就一批教育情怀深厚、专业基础扎实、勇于创新教学、善于综合育人和具有终身学习发展能力的高素质专业化创新型中小学教师，教育部发布了《教育部关于实施卓越教师培养计划 2.0 的意见》。该计划是《教育部关于实施卓越教师培养计划的意见》的加强版。

二、我国"卓越教师培养计划"主要政策

（一）《教育部关于实施卓越教师培养计划的意见》

《教育部关于实施卓越教师培养计划的意见》是针对卓越教师培养提出的第一个主要政策，该政策的提出正式拉开了我国卓越教师培养的序幕。该意见从培养目标、培养模式、培养机制、招生就业、教育教学、师资队伍、组织保障七个方面针对卓越教师的培养提出了宏观指导性的建议（具体内容参见附录一）。在提出该意见的同年的 12 月 5 日，经高等学校申报、省级教育行政部门推荐、专家会议遴选，并经网上公示，教育部确定了 80 个卓越教师培养计划改革项目，表 2-1 列出了其中的 6 所院校的 11 个项目。

表 2-1 6 所院校的 11 个卓越教师培养计划改革项目

学校名称	项目类别	项目名称
华东师范大学	卓越中学教师培养改革项目	德业双修的卓越中学教师开放式培养计划
	卓越特殊教育教师培养改革项目	特殊教育知识技能与学科教育教学融合培养机制探索
北京师范大学	卓越中学教师培养改革项目	本硕一体化的卓越中学教师培养模式的理论探索与实践研究
东北师范大学	卓越中学教师培养改革项目	基于协同、追求融合的卓越中学教师培养模式改革探索
	卓越小学教师培养改革项目	全科型精英式未来小学教育家培养的理论与实践
西南大学	卓越中学教师培养改革项目	"三段五级"UGIS 卓越中学教师模式创新与改革实践
	卓越幼儿园教师培养改革项目	"三级立体大课堂"卓越幼儿园教师行动计划
华中师范大学	卓越中学教师培养改革项目	卓越中学数字化教师培养
	卓越幼儿园教师培养改革项目	中澳合作办学：国际性卓越幼儿园教师培养模式探索
陕西师范大学	卓越中学教师培养改革项目	基于"三位一体"协同育人的卓越中学教师培养体系建设
	卓越幼儿园教师培养改革项目	基于"三位一体"协同育人的卓越幼儿园教师培养体系建设

（二）《教育部关于实施卓越教师培养计划 2.0 的意见》

自"卓越教师培养计划"提出以来，经过四年的践行，取得了重要的进展，而在新的时期，面对新的征程与使命，教育部出台了关于实施卓越教师培养计划 2.0 的意见，旨在升级实施"卓越教师培养计划"。与此同时，党的十九大报告将培养高素质教师队伍作为建设教育强国的重要举措。习近平在全国教育大会上指出，建设社会主义现代化强国，对教师队伍建设提出新的更高要求。因此，深入实施"卓越教师培养计划"是新时代教师教育振兴发展的重要内容。

《教育部关于实施卓越教师培养计划 2.0 的意见》从全面开展师德养成教育、分类推进培养模式改革、深化信息技术助推教育教学改革、着力提高实践教学质量、完善全方位协同培养机制、建强优化教师教育师资队伍、深化教师教育国际交流与合作、构建追求卓越的质量保障体系八个方面提出了卓越教师培养的主要举措，并从构建三级实施体系、加强政策支持、加大经费保障、强化监督检查四个方面提出了卓越教师培养的保障机制（具体内容见附录二）。其目标是经过五年左右的努力，办好一批高水平、有特色的教师教育院校和师范专业，师德教育的针对性和实效性显著增强，课程体系和教学内容显著更新，以师范生为中心的教育教学新形态基本形成，实践教学质量显著提高，协同培养机制基本健全，教师教育师资队伍明显优化，教师教育质量文化基本建立。到 2035 年，师范生的综合素质、专业化水平和创新能力显著提升，为培养造就数以百万计的骨干教师、数以十万计的卓越教师、数以万计的教育家型教师奠定坚实基础。

第二节　卓越教师培养的理论基础

卓越教师培养是一项系统的工程，该工程面向的是全体准教师和教师，而要提高卓越教师培养的效果，就需要理论的指导和支撑。关于卓越教师培养的理论基础，国内外学者都做过研究和总结，在本节，笔者主要从诸多理论中选取以下三种做简要介绍：教师专业发展周期理论、基于需求体系的激励理论、基于过程体系的激励理论，如图 2-1 所示。

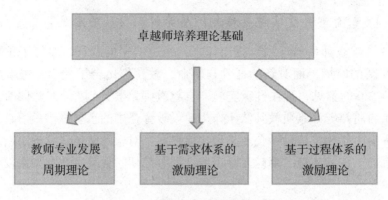

图 2-1　卓越教师培养的理论基础

一、教师专业发展周期理论

卓越教师培养是一个较为漫长的过程，它不是某一个阶段的任务，而是一项长期的工程。从这一视角看，卓越教师的培养符合教师专业发展周期理论，该理论可视为卓越教师培养的重要理论基础。关于教师专业发展周期理论，笔者查阅资料发现，国内外学者均有研究，所以在本小节中，笔者依次从国内外学者的研究中选取两个颇具代表性的理论展开论述。

（一）国外有关教师专业发展周期理论的研究

1. 格雷戈里的教师发展三阶段理论

格雷戈里认为，教师的发展大致分为形成期、成长期和成熟期三个阶段。

（1）形成期。在这一阶段，教师开始逐渐形成对教育以及教师角色的认识，如教育的本质、教育的意义、教师的责任、教师的义务等。但由于该阶段教师的水平和实践经验不足，因此经常会表现出明显的焦虑与紧张，甚至感觉到较大的压力。

（2）成长期。在这一阶段，教师通过教学实践不断实现自我的成长与发展，专业水平不断提升，对教育以及教师角色也有了更深的认识。但在责任水平上，该阶段的教师主要以学校要求为基础，教育义务感和责任感还不是十分强烈。

（3）成熟期。在这一阶段，教师各方面发展趋于成熟，在教学过程中能够针对自我、他人以及各种环境和问题进行审视。他们对自我的要求已经超出了学校的基本要求，具有强烈的教育责任感与义务感。

2.费斯勒的教师生涯循环论

费斯勒基于人类发展阶段等理论，在对一百余位教师进行深入访谈后，提出了教师生涯循环论。该理论认为，教师的发展周期是一个动态的过程，并且不是一种直线式的阶段模式，而是一个具有可循环性的发展系统。教师的整个发展生涯受个人环境（如个性特征、业余爱好、个人经验等）、组织环境（如学校管理方式、社会期望、公众信任等）以及生涯环境（如职业引导、生涯挫折等）的影响。基于这一理论，费斯勒将教师的发展周期划分为以下八个阶段：职前教育阶段、入职阶段、能力形成阶段、热情和成长阶段、职业受挫阶段、稳定和停滞阶段、职业消退阶段、职业生涯结束阶段。

（1）职前教育阶段。该阶段是教师整个职业生涯的起始阶段，包括大学学习阶段和入职前的培训阶段。另外，一些经验丰富的教师在转岗或转专业后，重新进行职前培训的阶段也涵盖在该阶段内。

（2）入职阶段。该阶段通常指教师进入职场的前几年。虽然该阶段教师的实践经验不足，但多数教师都会通过努力工作不断提升自我，并期望得到上级、同事、学生的肯定与接纳。另外，一些经验丰富的教师在转岗、转校、转专业后，或多或少都会产生入职初期的感受。

（3）能力形成阶段。经过几年的教学实践，教师初步适应了教学生活，但也逐渐认识到自身能力上的不足，所以教师会通过进一步的努力去提高自己的教学能力，并试图形成一套适合自己的教学体系。为了更快地提升自我，该阶段的教师会积极参与各种学术性会议，并主动进修和深造。

（4）热情和成长阶段。在这个阶段，教师已经具备了较高的教学水平，但教师仍旧不满足现状，会选择继续进行学习和深造，从而使自己的教学水平更上一层楼。另外，该阶段的教师具有很高的教学热情，开始将关注的焦点从自身转向学生，希望与学生沟通，希望了解学生。总之，高度的责任感与义务感是该阶段教师的主要特征。

（5）职业受挫阶段。在教师发展过程中，由于某些因素的影响，教师会产生工作态度与个性上的转变，显著的特征是对教学工作的懈怠。在这一阶段，教师工作的满足感下降，会产生教学上的挫折感，甚至开始否定自我和自己曾经选择的教师这份职业。

（6）稳定和停滞阶段。在这一阶段，一些教师存在着"当一天和尚撞一天钟"的心态，他们不再积极地提升自我，不再积极探索教学的改革，而是只做分内之事，义务感和责任感大幅度降低。

（7）职业消退阶段。在这一阶段，教师教学的热情全部消退，他们准备离开教师岗位。在离开岗位之前的这一时期，教师的感情是十分复杂的，他们可能会产生愉悦的自由感，但也可能会产生不舍之感。

（8）职业生涯结束阶段。在这一阶段，教师已经离开了工作岗位。对于退休的教师而言，职业生涯结束之后，便开始进入另一种生活状态，他们或是颐养天年，或是追求自己的兴趣爱好；对于非退休离职的教师而言，他们或转向其他的行业，或是重新开始另一种教师生涯。

费斯勒的教师生涯循环论较为完整地贯穿了教师整个发展周期，其中包括对教师挫折、停滞等阶段的论述，弥补了直线式教师发展模式的不足，更具参考意义。

（二）国内有关教师专业发展周期理论的研究

1. 以"自我更新"为取向的五阶段论

叶澜等学者以"自我更新"为取向，将教师的专业发展分为以下五个阶段：非关注阶段、虚拟关注阶段、生存关注阶段、任务关注阶段和自我更新关注阶段。

（1）非关注阶段。该阶段是指进入教师教育之前的阶段，涵盖学生的中小学以及幼儿时期。在该阶段，大部分个体并没有明确的从事教师行业的意向，只有少部分学生有从事教师行业的想法。

（2）虚拟关注阶段。该阶段是指学生师范教育的阶段，他们还没有成为正式的教师，但已经开始接受正式的教师教育，是"准教师"。虽然师范教育在不断改革和创新的过程中增加了很多实践内容，但和真实的教学环境仍旧存在一定的差别，所以师范教育具有一定的"虚拟性"，因此该阶段为"虚拟关注阶段"。

（3）生存关注阶段。该阶段是指学生毕业后正式从事教师职业的初期。初入社会的他们在面临专业压力的同时，还面临着生存的压力，这使得他们的专业发展不可避免地受到了影响。

（4）任务关注阶段。在解决了生存压力之后，同时经过几年的教学实践，教师对教学有了更深的认知，教学能力也有了很大的提升，自信心大幅度增强，并能够持续关注自我的专业发展。

（5）自我更新关注阶段。在该阶段，教师的专业能力得到了进一步提升，并形成了一套自己的教学体系。但该阶段的教师并没有止步，而是会积极探索和学习新的东西，不断更新自己的知识储备，构建自己的知识网络；与此同时，教师视野变得更加开阔，开始关注教育前沿的相关内容。

2."教师专业成长"的五阶段论

陈琴等学者立足于教师专业发展，认为教师的专业发展分为以下五个阶段：准备阶段、求知阶段、巩固阶段、更新阶段和成熟阶段。

（1）准备阶段。准备阶段是指师范生接受教师教育的阶段，在这一阶段，他们主要学习教育专业相关的理论知识，并通过相应的实践去融合理论知识。这是奠定基础的阶段，属于"准教师"阶段。

（2）求知阶段。求知阶段通常指教师入职的前两年（有些教师时间可能更长），由于他们缺乏相应的经验，除了自己探索之外，还需要有经验的教师的指导，尤其在遇到有些棘手的问题时，他人的帮助和指导显得更为必要。

（3）巩固阶段。经过了一段时间的教学实践后，教师初步掌握了一些教学的技能，并能够处理一些教学中的事情，但专业能力仍然不高，需要进一步学习，巩固提升自我。

（4）更新阶段。在该阶段，教师教学能力已经有了明显的提升，但他们不满足于现状，会积极关注与教育有关的新理念、新方法，并积极参加各种学术会议，以此来充实自我以及提升自己的教学质量。

（5）成熟阶段。对于不同的教师，进入成熟阶段的时间也不同，有些教师可能入职五年左右就能进入成熟阶段，有些教师可能需要的时间更长。在该阶段，教师已经具备了专业的教学能力，能够对一些教学中的问题进行深入的分析，并提出自己的见解。教师的教学热情、教学责任感与义务感在该阶段都达到了一个较高的水平。

二、基于需求体系的激励理论

基于需求体系的激励理论认为，需求是激励的起点，而如何激发需求，并将这种需求转化为工作的动力，是该理论体系研究的重点。马斯洛需求理论是该理论体系的基础，在此基础上拓展了诸多的理论，如 EGR 理论、成就激励理论等。

（一）马斯洛需求层次理论

马斯洛认为，人类积极行为的产生是因为存在需求，需求产生动机，动机催生行为。而根据人类需求层次的不同，马斯洛提出了"需求层次理论"，并在此基础上将人类的需求分为五个层次：生理需求（如食物、水、睡眠），安全需求（如人身安全、家庭安全），社交需求（如友情、爱情），尊重需求（如尊重他人、被他人尊重）和自我实现的需求（如个人理想、自觉性）。

在通常情况下，上述需求如同阶梯一般从低到高，当低层次的需求得到满足之后，自然会产生更高层次的需求，而当更高层次的需求产生之后，便会激发动机，并驱使人类产生某些行为，以满足其需求。当然，当某一层次的需求被满足之后，也可能同时产生多种高层次的需求，此时需要满足最为迫切的需求，只有当该需求满足后，后面的需求才会产生激励的作用。此外，已经被满足的需求的激励作用将大大降低。从某种程度上来说，马斯洛需求层次理论反映了人类需求的本质，也反映了人类心理以及行为上的共同特征。了解和学习马斯洛需求层次理论有助于管理者更好地挖掘教师的需求，并通过需求的满足去激励教师，从而加快卓越教师培养的进程。

（二）EGR 理论

EGR 理论是由美国心理学家奥尔德弗于 1969 年提出的，该理论认为人的核心需求有以下三种：生存需求、关系需求与成长需求。生存需求是指与人类生存有关的需求，如衣、食、住、行；关系需求是指生活过程中与其他个体产生的人际交往有关的需求，如友情、爱情；成长需求是指个体自我实现的需求，属于最高层次的需求。

EGR 理论与马斯洛需求理论有相似之处，即都将人类的需求按照不同的层次进行了分类。不同的是，在 EGR 理论中，不同等级需求的满足并不是按照从低到高的顺序，而是存在挫折倒退的现象。简单来说，当个体较低层次的需求被满足之后，便会产生较高层次的需求，但当较高层次的需求得不到满足时，便会转向追求较低层次的需求。笔者认为，更高层次的需求会产生动机，但个体对高层次需求的追求并不一定会得到满足，此时不可避免地会产生挫折心理，而这种挫折心理也很可能会导致挫折倒退现象的产生。

另外，EGR 理论认为，不同的个体之间由于受后天因素（如教育）的影响，其对不同层次需求的强烈程度也存在一定的差异。比如，对于一些接受过高等教育的个体而言，其对自我实现的需求比生存的需求更为强烈。由此可见，EGR 理论对不同个体之间存在的差异性给予了关注。总之，EGR 理论是对马斯洛需求层次理论的扩展和补充，进一步完善了对人类需求的研究，也对在劳动和人事方面的管理以及现代组织激励管理的研究具有重要的启蒙性意义。

（三）成就激励理论

成就激励理论指出，当个体最基本的生存需求得到满足之后，会产生以下三种主要的需求：成就需求、权利需求和社交需求，在三种需求中，成就需求居于核心地位。

所谓成就需求，是指个体对完成任务（尤其是具有挑战性的任务）时所产生的成就感和满足感的需求。成就需求能够强化个体的工作状态，激发个体产生积极的行为。从某种程度上看，成就需求与马斯洛需求层次理论的自我实现比较相似，是一种高层次的需求，这种需求受个体个性的影响较大，当个体产生高成就需求后，其他需求便会显得无足轻重，其成就需求满足后的激励效果甚至超过物质层面的奖励。因此，具有高成就需求的个体往往更具事业心，也往往更能勇于面对困难和风险，是积极进取的现实主义者。

成就激励理论也是对马斯洛需求理论的扩展，准确来说，是对马斯洛需求理论中自我实现这一层次需求的扩展。由成就激励理论可知，自我实现虽然属于最高层次的需求，但该需求的产生并非一定是在满足其他需求之后，而是可以优先于其他需求产生。对于教师发展而言，卓越教师这一层次便可以看作是一种成就需求，学校管理人员应对教师进行挖掘和塑造，用成就需求激发教师的潜力和优势，从而促进教师的发展。

三、基于过程体系的激励理论

基于过程体系的激励理论和基于需求体系的激励理论虽然都是以激励作为主要的手段，但其侧重点不同。基于需求体系的激励理论以需求为重点，其研究的内容是如何将需求转化为动机；而基于过程体系的激励理论是以过程为重点，其研究的内容是需求到行为转化的过程。基于过程体系的激励理论主要包括期望理论、公平理论和目标设置理论。

（一）期望理论

期望理论是由北美著名心理学家和行为科学家维克托·弗鲁姆提出，该理论认为，当个体预期到某种行为会带来特定的结果，且这种结果对个体具有吸引力时，会促使个体采取相应的行为，其过程如图2-2所示。

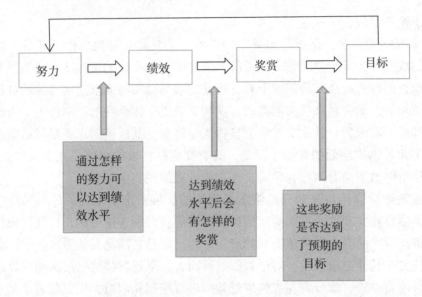

图 2-2 期望理论模式图

期望理论可以用公式表示为：激励力量＝期望值×效价。

式中，激励力量是指调动个体积极性的强度；期望值是根据个人的经验判断达到目标的把握程度；效价是指所能够达到的目标对满足个体需要的价值。由上式可知，影响激励力量的因素有两个——期望值和效价，所以在卓越教师培养中，要尽可能地提高期望值和效价值，从而最大限度地调动教师的积极性。

当然，期望理论存在一定的局限性，即缺乏对个体行为意志过程的考量。在个体职业发展中，影响因素包括能力、责任、利益、义务、道德等多个方面，而期望理论只关注了个体能力（能力影响着个体对自我的判断）以及个体工作所获得的利益，忽视了其他方面（如个体的责任意识、义务意识、道德意识等）。因此，在具体实践中，应结合具体情况做具体的分析。

（二）公平理论

公平理论是由美国心理学家约翰·斯塔希·亚当斯提出的，研究的是个人贡献与其所得报酬间的平衡关系。该理论指出，个体贡献与其所得报酬的平衡性会影响个体工作的积极性，当个体觉得其贡献与所得报酬平衡时，便可以保持一种比较积极的工作状态，当个体觉得二者不平衡时，便会产生一种消极的工作状态。另外，个体除了会对自己进行主观比较外，还会与其他客体进行比较，这同样会影响个体对平衡性的感受。

基于上述论述，公平理论可以用下式表示：

$$\frac{OP}{IP} = \frac{OC}{IC}$$

式中，OP 表示个体对所得报酬的感受；IP 表示个体对自己贡献的感受；OC 表示个体对他人所得报酬的感受；IC 表示个体对他人贡献的感受。

当上式成立时，个体的感受是公平的，个体工作的积极性较高；当上式不成立时，说明个体的感受是不公平的，而这种不公平感会在很大程度上影响个体工作的积极性。

从对公平理论的叙述中不难看出，个体公平感受的产生来自两种比较：一是个体和自己的比较；二是个体和他人的比较。个体和自己的比较属于纵向比较，即和过去的自己比较，如果个体发现自己的报酬没有提高，甚至在降低，很容易会出现消极的情绪，从而影响工作的积极性与效率。个体和他人的比较属于横向比较，通常是与自己同岗位的人比较，当个体发现自己的报酬与贡献比低于他人时，也会产生消极的情绪。将这一理论应用到卓越教师的培养中，就是强调人才管理的公平性。从个体上说，要让个体觉得自己的贡献与报酬平衡；从群体上说，要让个体与个体间实现相对的公平，只有这样，才会降低教师不公平感的产生，从而使卓越教师培养计划可以顺利地推进。

（三）目标设置理论

目标设置理论是管理学兼心理学教授洛克和休斯首先提出的，该理论指出，目标会影响个体的动机，能引导个体朝着制订的目标调整自己的行为。该理论强调了目标的重要性，个体为了达到目标，会做出最大的努力。目标设置理论最初强调的是个体目标的重要性，后来逐渐发展成团队（或组织）目标的重要性，即目标的设置不仅会对个人的工作产生影响，还能够对团队的工作产生影响。

目标设置理论没有直接指向过程，但通过结果的导向间接影响了过程，其模式如图 2-3 所示。

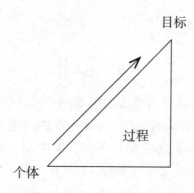

图 2-3　目标设置理论模式图

目标设置理论在实际应用中有诸多的价值。首先，在目标设置上，目标设置理论提供了一个目标设置的分析方式，用于指导目标设置的思路、目标设置的内容、目标设置的难度等。其次，在工作人员激励上，通过设置具有一定难度的目标，可以产生相应的激励效果，从而提高工作人员的工作积极性。最后，目标的设置也提供了考核的标准，无论是对个人，还是对组织，都可以通过评定目标的完成情况进行考核。当然，目标设置理论也存在一定的缺点，因为是以结果导向过程，所以常常会过于重视结果而忽视了过程，这一点是需要特别注意的。

第三节　卓越教师培养的目标定位

关于卓越教师培养的目标，《教育部关于实施卓越教师培养计划 2.0 的意见》中指出："经过五年左右的努力，办好一批高水平、有特色的教师教育院校和师范专业，师德教育的针对性和实效性显著增强，课程体系和教学内容显著更新，以师范生为中心的教育教学新形态基本形成，实践教学质量显著提高，协同培养机制基本健全，教师教育师资队伍明显优化，教师教育质量文化基本建立。到 2035 年，师范生的综合素质、专业化水平和创新能力显著提升，为培养造就数以百万计的骨干教师、数以十万计的卓越教师、数以万计的教育家型教师奠定坚实基础。"这是从战略层面对卓越教师培养目标提出的要求，如果进行更为细致的目标定位，卓越教师培养可将对教师各方面的要求归纳为"德"与"才"两个方面，即培养德才兼备的现代教师。

一、卓越教师"德"的培养目标

"德"指教师的师德，这是卓越教师培养的核心目标定位，包括教师的道德修养和从教品格两个方面。对于教师而言，师德是其从事教育工作的核心要求，卓越教师更要在师德修养上严格要求自己。

（一）高尚的道德修养

在教师的师德素养结构中，道德修养是最关键的品质，如果道德修养缺失，就不能称为人师。著名教育家陶行知先生也曾说过："道德是做人的根本。根本一坏，纵然你有一些学问和本领，也无甚用处。"[①] 的确，教师的任务是教书育人，如果教师自己首先在道德修养上存在缺失，只能教书，不能育人，那么对于学生发展而言显然是无益的。在很多学生看来（尤其对于中小学阶段的学生而言），教师是他们的榜样，他们具有较强的"倾师性"，即在言行举止上会有模仿教师的倾向，如果教师不能规范自己的言行，将会给学生树立一个不好的榜样，进而影响学生的言行。因此，卓越教师的培养首先要培养教师高尚的道德修养，使教师形成让学生敬佩和信服的人格魅力，并通过教师的言行举止对学生产生积极的影响，从而在传授学生知识的同时，引导学生形成优良的品格。

（二）优秀的从教品格

道德修养史多属于教师个人层面上的师德，而从教品格则属于教师职业层面上的师德，即教师的职业道德，包括教师的责任感、创新意识、团队合作精神等。首先，作为卓越教师，要具备高度的责任感，这种责任感体现在对教师义务和责任的履行上，尤其体现在对学生的关爱上，而不是仅仅将完成教学任务作为目标。教育的根本目的在于使学生获得成长与发展，教学活动仅仅是一种手段，关注教学手段而忽视学生发展的做法显然是舍本逐末的，这不仅违背了教育的初衷，还不符合对卓越教师的要求。其次，要培养卓越教师创新的意识。社会在不断发展，教育也在不断发展，旧的教育观念和教学方法会逐渐被新的教育观念与教学方法取代。作为卓越教师，应成为教育创新的领头人，不断探索新的道路，为教育事业的发展开疆拓土。最后，要培养卓越教师的团队精神。就某一学科的教学而言，这是教师一个人的事情；但就学生的发展而

---

① 宗兴波.陶行知教育思想对当下中学语文教学的一些启示[J].现代语文（学术综合版），2012(8)：137-138.

言，这是全体教师的事情。学生在校学习的阶段，会接触各个学科的教师，他们在每一门学科中呈现出的差异性会被不同的教师察觉到，这种差异性是教师应该尊重的，也是每一位教师都应该了解的，这就需要教师之间进行有效的沟通，以便对学生有一个全面的了解，进而使教学更具针对性。因此，需要培养卓越教师的团队协作精神，使教师们的力量得以聚集起来，从而达到良好的教学效果。

二、卓越教师"才"的培养目标

"才"指教师作为教育者的学识与能力，这是卓越教师培养的基本目标定位，即要求卓越教师具备深厚的专业学科知识与教育专业知识。"学高为师"是对教师提出的基本要求，作为卓越教师，除了应具备深厚的专业学科知识外，还应该不断拓宽自己的知识视野，构建更为广阔的知识体系，努力成为青年教师学习的榜样。

（一）广阔的知识体系

深厚的专业学科知识既是从事教师职业的重要基础，也是引导学生深入思考，拓展学生学习视野的重要前提。作为卓越教师，要对学科知识有深入的理解，要形成完备的知识网络系统，要了解相关知识前沿，只有这样，才能为学生提供丰富的教学内容，也才能满足不同学生不同的知识需求。另外，对卓越教师而言，不应该只满足于对专业学科知识的追求，还应该结合学科知识做相关性的学习和探索，不断丰富自己的知识体系，这样不仅能够进一步丰富教学内容，还有助于针对专业学科知识做出更加全面和深入的思考，从而在相互融合中实现知识素养的进一步飞跃。

（二）完备的教育专业素养

对于卓越教师而言，不仅要具备广阔的知识体系，还应该具备现代教育所要求的教育专业素养，主要包括先进的教育理念、良好的教育能力与优良的学术研究能力。首先，要培养卓越教师先进的教育理念。理念是行动的先导，什么样的教育理念就会衍生什么样的教学行为。在强调教学创新的今天，需要教师首先具备先进的教育理念。当然，教育理念的改变并非易事，教师只有经过不断的学习，不断的探索，不断的实践，才能结合自身的实际情况逐步实现新旧教育理念的更替。其次，要培养教师良好的教育能力。教育能力主要体现在教学技能、教学方法与学生心理指导等方面。比如，在教学方法上，教师应从传统的灌输式转变为探究引导式，让教学活动由教师单向的灌输转变为师生双向的互动，这样不仅有助于调动学生学习的积极性，还能促进学生能力的发展。最后，要培养教师的学术研究能力。学术研究能力是卓越教师必备的专业素养之一，这也是教师提升自我的一个重要途径。对于卓越教师而言，教学是中心，但学术研究也是关键，这是实现教育创新的必要途径，也是教师实现自我发展的有效手段，一个教师缺乏学术研究能力，也就缺乏创新和发展的可能，就不能算得上是卓越教师。因此，卓越教师学术研究能力的培养也是不可或缺的。

第三章　卓越教师能力体系解析

对于卓越教师，在能力要求上是系统和全面的，既有基本能力的要求，也有专业能力的要求；既有职业理念的要求，也有职业素养的要求，更有心理素质的要求。在本章中，笔者将卓越教师的能力体系分为以下五大部分：基本能力、专业能力、职业理念、职业素养、心理素质，这五部分共同构成了卓越教师的能力体系，如图3-1所示。下面，笔者将针对上述五种能力依次展开论述。

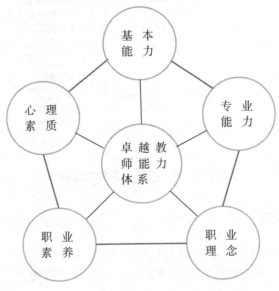

图3-1　卓越教师能力体系示意图

第一节　卓越教师的基本能力

教师的基本能力是指从事教师职业所应具备的最基础的能力，这是每一位教师都应具备的，作为卓越教师更是不能缺少。教师的基本能力主要包括观察能力、口语表达能力、体语表达能力和书写能力，每一种能力的下面也都有进一步的细分，如图3-2所示。

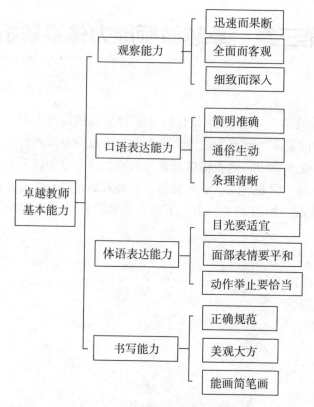

图 3-2　卓越教师基本能力框架图

一、观察能力

观察能力是指对周围事物进行感知的能力。在教学过程中，教师除了给学生讲解知识外，还应该注意对学生以及周围事物进行观察，这样既有助于了解学生，还有助于更好地把握课堂。对于卓越教师而言，其卓越的观察能力主要体现在以下三个方面：迅速而果断、全面而客观、细致而深入。

（一）迅速而果断

在教师讲授知识的过程中，学生对知识的理解情况很多时候都会通过学生的表情或一些行为表现出来，教师要通过知识讲授停顿的空隙，迅速观察学生的表情和行为，从而初步判断学生对知识的理解情况。在有必要的情况下，教师可以询问学生是否理解，然后有针对性地采取措施，如调整讲解速度。另外，有些学生的情绪变化并不明显，可能转瞬即逝，这同样需要教师具有迅速捕捉学生情绪变化的能力，然后在课下与学生进行沟通，了解学生的真实情况，并采取适宜的措施。

果断是指教师在观察到一些情况之后要快速做出决断，不能犹豫，否则会影响后续的教学。比如，当教师发现某个学生存在情绪变化时，应立刻做出决断：是在课下单独找学生谈心，还是先通过提问该名学生的方式，让学生将注意力再次集中。其实，站在事后的角度看，上述两种方式都没有问题，关键在于教师在课堂上要立刻做出决断，以免影响教学过程的顺利进行。

（二）全面而客观

教师对学生的观察应尽量全面，只有这样，才能做出客观、准确的判断。要全面地了解学生，教师需要从不同的角度去观察学生，如智力水平、性格特点、家庭环境、心理特征等。我们生活在社会大环境中，会受到各种外在因素的影响，虽然学生与社会的接触较少，但同样会受到影响，再加上不同的学生之间本身就存在差异，所以教师在对学生群体有整体认知的基础上，还需要针对不同的学生从多个角度进行观察，从而对学生形成全面且客观的印象。

（三）细致而深入

教师对学生的观察应细致，因为有时学生的外在表现并不明显，但这些细微变化的背后可能隐藏的问题并不小。正所谓"轻者重之端，小者大之源"，很多严重的后果都是以轻微的事情为开端的，忽视小的地方可能会酿成大祸。在现实生活中，其实很多事情都是如此，如果在事情发生的早期，忽视了细微的变化，那么当事情逐渐变得严重时，恐怕已无力回天。因此，在面对学生时，教师不能忽视学生身上发生的细微变化，要留心观察，并及时采取措施，从而将问题消灭在萌芽中。

除了对学生的观察要细致之外，教师还应做到深入，即深入观察和剖析学生存在的问题，做到治标治本，切忌停留在较浅的层面，也不能通过某一次的观察就下定论，这样不仅不客观，而且贸然的行动还可能会对学生造成影响，也会影响对学生的进一步了解，从而使问题不能及时解决。

二、口语表达能力

口语表达能力是教师必备的基本能力之一，这是教师运用口头语言有效传达信息的一种能力。在教学中，有一个词汇叫"口传心授"，就是师生间口头传授，内心领会，"口传"需要的就是教师的口语表达能力，如果教师在口语表达上存在问题，就会在一定程度上影响教学的质量。关于对卓越教师口语表达能力的要求，通常有以下三点。

（一）简明准确

简明准确是对教师口语表达能力的最基本要求。一堂课只有短短的几十分钟，教师需要传授知识，需要引导学生，需要组织学生讨论，所以为了有效地传达信息，教师说话应做到简洁明快，切忌拖泥带水、信马由缰。另外，知识是严谨的、科学的，为了保证知识传达的准确性，教师在语言的使用上也需要保证准确性，切忌使用模棱两可的语言，否则容易导致学生在理解上出现错误，从而影响教学的效果。

（二）通俗生动

知识是严谨的、科学的，为了保证这一点，教材通常会使用标准的书面语言，但这也容易导致学生理解上出现困难或者不容易记忆。诚然，教师的教学语言要保证一定的规范性，但在保证知识传授的准确性的基础上，教师应适当提升其语言的生动性与通俗性。使用通俗的语言讲解知识，学生更容易理解，这样便可以消除学生因为理解困难而导致的一些问题。使用生动的语言可以增加教师讲授内容的形象性，便于学生理解和记忆，同时生动的语言提升了课堂的趣味性，有助于增加学生的学习兴趣，使学生注意力集中。因此，通俗生动也是卓越教师口语表达能力必备的一个特征。

（三）条理清晰

教师在讲授知识时，应做到条理清晰、逻辑严密，注意语言的流畅贯通，切忌条理不清、语无伦次。尤其对于一些推理论证性的知识，教师需要条理清晰地为学生讲述明白，一旦教师在语言上出现混乱，学生在理解上也自然容易混乱，必然会影响教学效果。其实，无论理科还是文科，在其知识体系中都存在推理论证性的知识，所以该种语言能力的要求并不像大众所认为的那样，仅是理科教师需要具备的。一名卓越的教师，无论其所教学科是文是理，都需要具备条理清晰的语言表达能力。

三、体语表达能力

身体语言就是指非词语性的身体符号，它包括目光与面部表情、身体运动与触摸、姿势与外貌、身体间的空间距离等。有一个这样的公式：信息=7% 的语言 +38% 的声音 +55% 的肢体动作。[①] 由此可见，在信息传达中，身体语言发挥着重要的作用。在教学中，我们常常说言传身教，"言传"需要教师具备一定的语言表达能力，而"身教"则需要教师能够运用身体语言去影响学生，也就是要具备一定的体语表达能力。一个人的身体语言主要表现在目光、面部表情和身体动作方面，所以对教师体语表达能力的要求也主要体现在这三个方面。

（一）目光要适宜

眼睛是心灵的窗户，是人与人沟通的重要"工具"，教师应善于利用这一"工具"，运用适宜的目光，完成与学生无声的交流。至于什么是适宜的目光？笔者认为并没有特殊的要求，只要注意以下几点即可。

第一，切忌目光呆板。教师在学生心中具有一定的权威性，教师应注意保持这种权威性。所以在与学生的目光交流中，教师的目光切忌呆板，缺乏"生气"，否则容易给学生一种不庄重之感，从而降低教师在学生心中的权威性。

第二，切忌目光中含有责怪之意。对于身心发展还不成熟的学生，犯错在所难免，教师不能因为学生犯错便用责怪的眼光直视学生，否则容易引起学生的逆反心理，激化师生之间的矛盾，不仅不利于问题的解决，还会破坏师生之间和睦的关系。

第三，切忌目光中含有漠视之意。眼神的交流是一种无声的交流，所以在与学生目光对视的时候，教师的眼光一定不能是冷淡、漠视的，否则会给学生一种心不在焉之感，也会让学生感受到教师并非真心与自己交流，从而不愿向教师敞开心扉。

（二）面部表情要平和

人类的面部具有精细化的肌肉组织，这决定着人类面部表情的变化是可以非常丰富的，而丰富表情背后隐藏的信息也同样非常丰富。教师可以通过

---

① 陈志云.好好沟通 [M].广州：广东人民出版社，2018：126.

观察学生的表情初步判断学生的情绪变化，同样的，教师也可以通过面部表情去向学生传达自己想要传达的信息。当然，教师要保持自己在学生心中的权威性，所以面部表情的变化不能太夸张，整体上应以平和为主，否则教师情绪过大的波动也容易引起学生情绪的波动。此外，教师平和的面部表情也容易拉近与学生的距离，这对于构建和谐、融洽的师生关系也能起到积极的作用。

（三）动作举止要恰当

在课堂教学中，教师讲授知识的时候会伴随一些动作，对于这些动作，学生能够看得清清楚楚，并且会对学生或多或少地产生影响。为了使影响趋向正向，教师要时刻注意自己的动作举止。一方面，教师站立的姿势要平稳。站着讲课已经成为一种常态，在站立时，教师切忌只呆站在一处，这样会显得呆板，但也不能做出太夸张的站姿，这样会降低教师的威严感。教师可不时稍稍离开讲桌，小范围内自由地走动，并保证动作的自然。另一方面，教师的动作幅度要适中。适度的动作能够为教学加分，但过分夸张的动作不仅会影响教师的威严感，还容易喧宾夺主，使学生的注意力被吸引到教师的动作上，而忽视了教学的内容。当然，有时适度夸张的动作能够活跃课堂的氛围，教师应结合课堂情况做出正确的判断。

四、书写能力

板书在教学中发挥着重要的作用，不仅在一定程度上影响着教学的效率，还会对学生的书写水平以及审美能力产生影响。因此，要想成为一名卓越教师，必须要具备良好的书写能力。教师书写能力主要表现在以下三个方面：正确规范、美观大方、能画简笔画。

（一）正确规范

书写正确是对教师书写能力最基本的要求。教师作为知识的传授者，在学生的注视下，应尽可能做到书写不出现错误，当然，出现笔误在所难免，当发现书写错误时，教师要及时改正，不能将错就错，影响学生。此外，教师书写还应做到规范。书写的规范包含两个方面：一是字体的规范，字体要工整、清晰，让学生能够看得清、看得懂；二是书写顺序的规范，每一个字都有其正确的书写顺序，教师切忌出现倒插笔的情况，否则会给学生书写造成不良的影响。

（二）美观大方

汉字之美，美在形体。中国文字的点画、结构和形体与外文不同。它变化微妙，形态不一，意趣迥异，从而诞生出名为"书法"的艺术。仅仅通过点画线条的强弱、浓淡、粗细等细微变化，再加上字形、字距和行间的分布所构成的优美章法布局，就能表达出种种思想感情，彰显不同的神韵气质，从而给观赏它的人带来巨大的艺术享受。[①]汉字具有独特的魅力，美观大方的板书能够使学生产生赏心悦目之感，这种积极的情绪对于提高学生的学习效率也能够起到一定的促进作用。另外，现代教育强调学生的全面发展，在"德、智、体、美、劳"中，美育也是一个重要的方面，而美育的教育应该渗透在日常的教学中。美观大方的书写具有较强的审美性，可以在潜移默化中渗透美，有助于提高学生的审美能力。

（三）能画简笔画

教学板书除了文字之外，有时还需要用到一些简笔画，所以对教师书写能力的要求除了体现在文字上，还体现在简单的绘画上。简笔画的运用不仅可以使抽象的知识变得形象，便于学生理解，还能够提高课堂教学的趣味性。目前，在小学阶段的教学中，简笔画的应用较为普遍，因为符合小学生的心理特征。例如，在学习"识字学词造句"时，教师可以引导学生根据象形文字绘制词语和句子的拼音，帮助学生构建完整的知识体系，加深对象形文字和词语的印象，使学生乐于学习语文知识，提高他们的学习能力和理解能力。[②]

第二节　卓越教师的专业能力

专业能力是在基本能力上对卓越教师提出的进一步要求，包括教学能力、教育能力、组织管理能力、教育研究能力，每一种专业能力也都有进一步的细分，如图3-3所示。

---

① 沧浪.汉字的魅力[M].北京：中国妇女出版社，2010：12.
② 刘雅贤.简笔画在小学语文教学中的运用[J].读与写（教育教学刊），2014，11(3)：181.

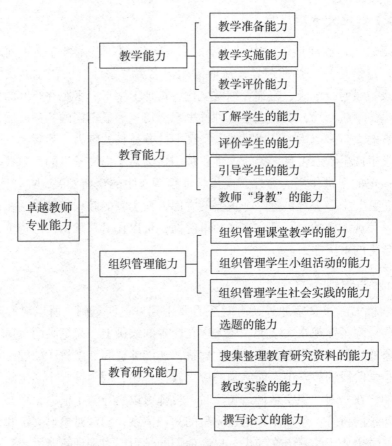

图 3-3　卓越教师专业能力框架图

一、教学能力

教学是教师专业活动的中心，教师教学任务的完成、学生培养目标的实现都是通过教学这一途径，所以教学能力是卓越教师专业能力的核心。关于教师的教学能力，其涵盖的内容非常丰富，在罗树华、李洪珍主编的《教学能力学》一书中，总结了卓越教师应具备的 25 种教学能力：

（1）掌握和运用教学大纲的能力；

（2）掌握和运用教材的能力；

（3）选择、运用教学参考书的能力；

（4）编写教案的能力；

（5）"说课"的能力；

（6）因材施教的能力；

（7）实现教学目标的能力；

（8）选择、运用教学方法的能力；

（9）激发学生学习兴趣的能力；

（10）指导学生学习方法的能力；

（11）指导学生进行学习迁移的能力；

（12）课堂教学的开讲能力；

（13）创设最佳教学情境的能力；

（14）教学设疑能力；

（15）教学举例能力；

（16）设计板书的能力；

（17）教学应变能力；

（18）教学反馈能力；

（19）教学的收结能力；

（20）进行复式教学的能力；

（21）设置学科作业的能力；

（22）教学检测能力；

（23）制作教具的能力；

（24）操作与示范的能力；

（25）使用现代教育技术的能力。[①]

上述归纳较为全面和系统，涉及的教师教学能力贯穿整个教学活动。通过分析和整理上述 25 种教学相关的能力，笔者从教学过程的角度出发，将卓越教师应具备的教学能力归纳为教学准备能力、教学实施能力和教学评价能力三种。

（一）教学准备能力

教学准备是为教学实施做的一些准备活动，在很大程度上影响着教学实施的效果，主要包括理解教学大纲、选择教学参考书、编写教案等。为达到一个良好的教学效果，教师在上课前都需要花费一定的时间和精力认真地做好各种教学准备工作。以编写教案为例，教案一般包括教学课题、教学目标、教学重点、教学难点、活动安排、教学用具、教学方法、课时安排、内容要点、教学进程、教学后记等，这是对教学活动的具体安排。教师不能盲目地抄袭他人

---

① 罗树华，李洪珍.教师能力学 [M].济南：山东教育出版社，2000：157.

的教案，要结合自己的实际情况，实事求是地展开编写工作。常见的教案格式有文字式、表格式、图文式、程序式，教师可结合自己的实际情况选择适宜的教案，也可以采取穿插混合的方式。需要注意的是，教案虽然指导着教学的实施过程，但在实际的教学过程中，教师不能固守教案的形式和内容，应根据课堂教学实际发生的情况进行灵活的调整，这样才能在发挥教案作用的同时不会被教案所束缚。

（二）教学实施能力

教学实施能力是指教师在课堂中开展具体教学活动的能力，包括激发学生学习兴趣的能力、教学举例能力、教学设疑能力、教学应变能力等。教学实施是整个教学过程中的核心，直接决定着教学的质量。以卓越教师应具备的教学设疑能力为例，这是教师在课堂教学中巧妙提出问题的一种能力，好的问题对于调动学生的学习兴趣、激发学生思维、培养学生的探究能力发挥着积极的作用。教师课堂上提出的疑问应满足三点要求：①疑问具有明确的目的性；②疑问应具有一定的启发性；③疑问应具有一定的针对性。此外，在提问时，教师要把握好提问的时机，采取适宜的提问方式，这样才能使问题的效用发挥到最大化。

（三）教学评价能力

教学评价是指教师对教学的价值判断。从狭义上讲，教学评价是指教师对学生学习效果的评价，即学生的学习评价；从广义上讲，教学评价除了包含教师对学生的学业评价（简称学生评价）外，还包括教师对课程的评价和对自己教学过程的评价。[①]本书论述的教学评价是指广义上的概念，而教师的教学评价能力便是指教师对教学价值判断的能力。教学评价是整个教学过程的第三步，也是对教学实施的反思与反馈，对于提高教学质量起着重要的作用。很多教师对于教学评价的理解都是狭义上的理解，在教学评价环节将精力主要放在对学生学习的评价上，却忽视了对自己教学"教"的评价，这样显然是不全面的。因为影响教学效果的因素既包括学生"学"的因素，也包括教师"教"的因素，只关注学生的"学"，而不关注教师的"教"，显然是一种片面的做法，会限制教学质量的提升。因此，对于卓越教师而言，要更加客观和全面地看待教学评价，在关注学生"学"的同时，也关注自己的"教"，这样不仅有助于教学质量的提升，还对于教师自我的提升大有助益。

---

① 王宪平.课程改革与教师教学能力发展研究[M].上海：学林出版社，2009：113.

二、教育能力

教育能力与教学能力虽然只有一字之差，但其内涵却存在一定的差异。与教学能力相比，教育能力的内涵更加丰富，主要包括了解学生的能力、评价学生的能力、引导学生的能力、教师"身教"的能力。

（一）了解学生的能力

了解学生是教师开展教学活动、引导学生成长的基础。正所谓"知己知彼，百战不殆"，教育学生也是如此，教师只有足够了解学生，才能更有针对性地教育学生，做到因材施教，有的放矢。卓越的教师，必然要对教育工作高度负责，也必然要对学生有着透彻的了解，包括对学生整体以及对学生个体的了解。

1. 对学生整体的了解

对学生整体的了解是指教师对某个年龄阶段（如小学、初中、高中、大学）的学生所呈现共同特征的了解，这有助于教师从全局进行把控。一方面，教师应了解学生群体个性特征的变化。对于不同年龄段的学生来说，由于身心发展的成熟度不同，其个性特征也必然不同。另外，在不同的社会发展阶段，受不同社会与家庭环境的影响，同一阶段学生的个性特征也会发生变化，这些都是需要教师了解的。另一方面，教师应了解学生群体价值观的变化。学生价值观的形成受家庭、学校、社会环境等多方面因素的影响，正确价值观的形成对学生的成长与发展至关重要。在互联网时代，学生能够接触的事物很多，不良事物容易对学生的价值观造成消极的影响，教师应时刻关注学生价值观的变化情况，积极引导学生形成正确的价值观，当发现学生价值观出现偏差后，应及时帮助学生调整，从而为学生的健康成长保驾护航。

2. 对学生个体的了解

对学生个体的了解是指教师将视角从学生群体缩小到某一个学生个体身上。虽然同一年龄段的学生在某些方面呈现共同的特征，但学生与学生之间或多或少地也存在着差异，教师只有具体到每一个学生个体身上，才能真正了解学生间的差异。面向学生个体，首先，教师要了解不同学生的性格。在一个班级中，有些学生性格外向，有些学生性格内向，有些学生外冷内热，有些学生外热内冷。面对不同的性格，教师在与学生沟通时要采取不同的方式，只有这样，才能让学生敞开心扉，与教师进行心与心的交流。其次，教师要了解学生个体的学习能力与学习动因，学习能力与学习动因在很大程度上影响着学生的学习效果，教师不能以结果为导向，仅仅从学生的学习效果入手，而是要从影响效果的原因入手，然后有针对性地采取对策。最后，教师要了解学生个体的心理素质，不同的学生，其心理素质可谓千差万别，而具有不同心理素质的学生在失败或成功时会呈现不同的状态。比如，有些学生在面对失败时，会表现得比较气馁，甚至一蹶不振；而有些学生则愈挫愈勇。面对不同的学生，教师只有采取不同的策略，才能更好地引导学生度过成功期或失败期。

（二）评价学生的能力

评价学生的能力不仅包括对学生学业评价的能力，还包括对学生其他方面评价的能力，简而言之，就是对学生德、智、体、美、劳等诸多方面进行评价。对卓越教师而言，评价学生的能力主要体现在两个方面：一是评价要公正客观；二是评价要凸显一定的激励性。

1.评价要公正客观

公正、客观的评价是指教师对学生的评价要符合实际情况，尽量减少教师主观因素对评价的影响。当然，要做到公平客观并不容易，这就需要教师做到以下两点：

（1）克服心理偏见。在对学生进行评价时，一旦渗入心理偏见，评价便会失去公平性和客观性，所以在评价学生时，教师切忌戴着有色眼镜看学生，而是要实事求是地给予学生最客观的评价。比如，教师在心里常常会形成一种评价定式，即学生以往的表现在教师心里形成一种固有印象（或好或坏），在教师对学生当前情况进行评价时，会受心里固有印象的影响，给出学生肯定或否定的评价，这显然是不客观的。针对这种情况，教师应进行刻意的训练，在评价时，只关注学生某一个时间段内的表现，即便学生从前的表现很好（或很坏），也应该"刻意忽视"，从而给出最客观的评价。

（2）掌握评价的"度"。在对学生进行评价时，无论是正向肯定的评价，还是负向否定的评价，教师都应该把握好一个"度"，超过或不足都会影响评价的效果。比如，当对学生进行批评时，如果达不到一定的"度"，学生可能会无视教师的评价，认为教师小题大做；但如果超过一定的"度"，有可能会导致学生丧失信心，尤其对于一些心理承受能力较差的学生来说，更容易因教师过度的批评而自责和愧疚，甚至自暴自弃。因此，在评价学生时，教师要力求准确适宜，避免因对评价"度"的掌握不当而引起负面的效果。

2.评价要凸显一定的激励性

评价是教育中的一种常用手段，包括积极的评价和消极的评价，针对学生不同的表现，教师通常会采取相应的评价方式。积极的评价通常带有较强的激励性，能够调动学生的情绪，但过强的激励性有时会表现得过犹不及，容易让学生产生自满的心理，所以在积极的学生评价中，教师要掌握好激励性的"度"。当然，在学生评价中，消极评价也是不可或缺的，尤其当学生出现一些重大错误时，但消极评价的目的不是打击学生，而是让学生认识到错误，并能够改正错误，所以即便是消极的评价，在其中也要凸显一定的激励性，这有助于鼓励学生改正错误。

（三）引导学生的能力

引导学生的能力是指教师引导学生健康成长的能力。这里的健康成长不仅包括身体，还包括心理与道德。首先，身体是革命的本钱，教师要引导学生健康的生活，让学生能够保持一个健康的身体。"德、智、体、美、劳"中也强调了"体"的重要性，尤其在学生体质呈现下滑趋势的今天，引导学生加强体育锻炼，以增强学生的体质就显得尤为重要。其次，对学生而言，尤其是中小学阶段的学生，心理发展还不成熟，容易受自身以及外界环境的影响，造成心理上的困扰，进而影响学习和生活。因此，对学生进行心理上的引导也是不可或缺的。最后，教师要引导学生形成良好的道德品质。在"德、智、体、美、劳"中，"德"居于首位，这是一个人立世的根本，如果缺少了"德"，那么一个人便缺少了根，即便枝叶十分繁茂，也不会长久。优良道德品质的形成是一个较为漫长的过程，教师对学生的引导也应该慢慢渗透在日常的教学与生活中，从而达到润物细无声的效果。

（四）教师"身教"的能力

言传与身教是教师教育学生的两个途径，前者是通过言语进行直接的教育，后者是通过行为间接地起到示范作用。一名卓越的教师，不仅要具备一定的语言能力，能够通过语言对学生进行教导，还要严格规范自己的言行，并通过自己的言行去影响学生。"学高为师，身正为范""其身正，不令而行；其身不正，虽令不从"，这些都是在强调教师"身教"的重要性。作为学生的教育者，教师在学生心中具有一定的权威性，也具有一定的榜样性，虽然青春期的学生表现出较强的叛逆性，但在他们的内心深处，仍然对教师十分尊重。因为这一特性，有时教师行为产生的影响甚至超过了语言，而且行为产生的影响是一种持续的、潜移默化的影响，一旦发生质变，对学生将产生非常积极的作用。而这就需要教师在日常的教学和生活中都能够严格地要求自己，甚至成为一种习惯，只有这样，教师才能真正用自己的人格魅力去感染学生。

三、组织管理能力

在教学活动中，教师既是教育者，也是组织者，所以组织管理能力也是卓越教师不可缺少的专业能力之一。对教师来说（通常指任课教师），组织管理能力一般包括三个方面：组织管理课堂教学的能力、组织管理学生小组活动的能力、组织管理学生社会实践的能力，这也是卓越教师必备的三种组织管理能力。

（一）组织管理课堂教学的能力

课堂教学是整个教学活动的中心环节，如何组织管理课堂教学在很大程度上影响着教学的质量。对于一堂几十分钟的课程，组织教学是关键，除此之外，教师还应该具备活跃课堂氛围与处理突发事件的能力。

1. 组织教学的能力

在现代教育理念的指导下，教师教学已经从传统的灌输式转变为师生互动式，学生能够充分地参与到教学活动中，但为了避免课堂混乱，保证教学活动的顺利进行，教师应始终把控着教学的进度，有效地分配教学时间。例如，在让学生针对某个问题进行讨论的时候，学生之间可能会因为讨论过于激烈，忘记了讨论的时间，这时教师就需要及时制止学生，然后让学生有序地发表讨论的结果。

2. 活跃课堂氛围的能力

活跃的课堂氛围有助于调动学生的学习兴趣，尤其对于中小学生来说，受外界环境的影响较大，当课堂氛围比较活跃时，学生的积极性也能够随之被调动，从而提高其注意力与学习效率。在课堂教学中，教师作为组织者，是活跃课堂氛围的关键，所以教师应掌握一些技巧，当发现课堂氛围比较沉闷的时候，便采取一些措施，从而使整堂课始终能够保持一个较好的氛围。当然，课堂氛围的活跃还需要学生的参与，仅仅依靠教师一个人是远远不够的，而这就需要教师与学生构建融洽的师生关系，这样学生才能更好地给予教师反馈，从而共同搭建起一个和谐融洽的课堂。

3. 处理课堂突发事件的能力

在课堂教学中，不可避免地会发生一些突发性的事件，教师需要运用其智慧，甚至运用一些技巧，妥善处理好突发事件。尤其对于小学生来说，他们好奇心重，思维活跃，并且情绪不稳定，受突发事件的影响较大，如果教师不能妥善地处理好突发事件，势必会影响后续的课堂教学。因此，面对突发性事件时，教师首先要沉着、冷静，快速判断事情的性质，然后针对性地采取措施，迅速将事件平息。例如，教师在讲课的过程中，有学生由于某种原因迟到了，突然的"报告"声可能会导致教学的中断，也会将其他学生的注意力吸引过去，此时教师可以向班级中的学生发出帮助邀请：下课后，谁愿意为迟到的同学讲讲前面的知识点？这样不仅可以化解迟到学生的尴尬，将学生的注意力引到教师身上，还有助于培养学生乐于助人的品德，可谓一举多得。

（二）组织管理学生小组活动的能力

学生小组活动是教学中常见的一种组织形式，可以在课堂中组织，也可以在课外组织。组织学生小组活动有助于学生综合能力的发展，如合作意识、探究能力、解决问题的能力等。在学生小组活动中，教师的组织也不可或缺，具体应做到以下几点。

1.小组活动要有计划性

学生小组活动的开展并不是盲目的，而是要通过小组活动促进学生的发展。要实现这一目的，教师在组织学生小组活动时，就要有明确的计划性，即落实好活动的内容、时间、地点、活动方式等。以活动内容为例，在计划活动内容时，教师应该以书本上的知识为出发点，但不必局限在教科书的范围内，可以做出适当的拓展，这样有助于调动学生探索的积极性，也有助于开拓学生的视野。当然，在具体组织活动的过程中，并非要严格按照计划实施，可以结合实际情况，适时、适当地进行调整。

2.小组活动要丰富多彩

丰富多彩的小组活动对学生具有较强的吸引力，并且教师也能够通过不同的活动培养学生不同的素养。相较于课堂教学而言，学生小组活动无疑会对学生的吸引力更强，但单一的小组活动也会使学生逐渐失去参与的兴趣，所以在组织学生小组活动时，教师要尽量使活动丰富多彩（包括内容和形式）。当然，教师不能一味追求小组活动的丰富多彩，而忽视了学生所能承受和了解的范畴，否则就会过犹不及，适得其反。

3.小组活动要充分发挥学生的主观能动性

学生小组活动虽然由教师主导，但在活动实施的过程中，学生才是主体，教师切忌过度干预学生的行为，否则不但会影响学生的主观能动性，而且会影响学生能力的发展。因此，教师在宏观掌握学生小组活动进展的基础上，要尽可能地发挥学生的主观能动性，让学生积极开动脑筋，发挥他们的创造性精神，发挥集体的作用。当然，在学生遇到问题时，教师可以给予他们适当的帮助，如指点、启发等，但注意不能包办代替，这样才能使学生小组活动的效用发挥到最大化。

（三）组织管理学生社会实践的能力

社会实践是学生在教师指导下，以社会成员身份进入实际的社会情境中，直接参与并亲历各种社会生活和社会活动领域，开展各种力所能及的服务性、公益性、体验性的活动，以获取关于社会的直接经验、发展社会实践能力、增强社会责任感为主旨的实践活动。① 社会是一个大课堂，在这个大课堂中，学生可以学习到很多在课堂中学习不到的知识，所以除教学之外，教师应定期组织一些社会实践，让学生通过社会实践获得更加全面的发展。

为了使社会实践有效地进行，在社会实践之前，教师应组织学生做好充足的准备工作，如实践地点的选择、实践要准备的东西、安全措施等。在活动中，教师要和学生一起到现场，可以将主导权交给学生，但教师一定要时刻关注活动的开展情况，做好现场指导。活动结束后，教师组织学生有序离开，并让学生针对此次实践活动做好总结。

以社会调查为例，在调查之前，教师和学生要确定调查的选题，设计调查的问题，并针对调查选题确定调查的地域范围。对于不同的调查选题，其调查的地域范围也存在差别，只有选择适宜的调查地域范围，才能确保调查结构的准确性。在调查过程中，虽然调查的地域在一定范围内，但教师不可能跟随每一位学生，此时应共同确定一个集合的目的地，调查结束或者在调查过程中出现突发事件时，到目的地集合，教师则在目的地或目的地周围随时准备接应学生。调查结束后，每一位学生针对自己调查的结果进行分析和总结，最后由教师针对学生的调查报告及其分析和总结的结果做出评价。

四、教育研究能力

教师的教育研究能力是指教师从事与教育教学有关的各种课题的实验、研究的能力，这是卓越教师必备的专业能力之一。依据教育研究涉及的内容，教师的教育研究能力主要包括选题的能力、收集整理教育研究资料的能力、教改实验的能力以及撰写论文的能力。

---

① 王健.综合实践活动建构与行动[M].广州：广东高等教育出版社，2017：77.

（一）选题的能力

选题是指教师根据教学实践与教学发展的需求，选择相应的研究课题或实验项目。选题是教育研究的第一步，是整个研究过程的开端。能选择恰当的选题是教师选题能力的体现。对于恰当的选题，笔者认为要符合以下三点要求：可行性、实践性、创新性。

1.选题的可行性

选题的可行性需要从主客观两个方面做出思考。主观条件主要从教师自身做出思考，如教师现有的知识水平、教师的兴趣爱好、教师的时间精力等；客观条件主要从选题完成的一些辅助性条件上做出思考，如选题的支持经费、设备、资料等。如果选题缺乏支持其完成的主客观条件，那么再好的选题也只能是空中楼阁，没有研究的意义。因此，在选择和确定选题时，教师首先要思考的就是选题的可行性，这是一切研究实施的基础。

2.选题的实践性

教育研究的最终目的是服务教学实践，所以教师在确定研究选题时，应着眼于当下或未来的教学，探索教学规律，指导教学实践。当然，并非理论性的研究没有价值，但理论应该用实践去验证，所以即便在研究中提出了某些教育理论，也应该结合实践的验证结果，证明理论的准确性。因此，选题必然要带有一定的实践性，这是一个恰当的选题不可或缺的特性。

3.选题的创新性

创新是研究的一个特性，如果缺乏了创新，那么研究的价值将大打折扣。因此，教师在选择研究的课题时，应保证选题具有创新性。选题的创新性主要体现在两个方面：一是该选题没有人进行过研究，是一个新的方向，是一种对教育的开拓型探索；二是该选题虽然有人进行过研究，但研究的结果并不完整，教师的研究能够补充研究成果，或者教师能够从一个新的角度切入，用新的方法得出独到的见解。

（二）搜集整理教育研究资料的能力

牛顿曾经说过："如果说我看得比别人更远些，那是因为我站在巨人的肩膀上。"牛顿这样说的原因是因为他的成就是在总结之前很多伟大科学家的杰出成果上形成的，没有那些科学家所做的学术积累，他是不会成功的，所以他说自己是站在巨人的肩膀上。从某种意义上来说，教育研究也是如此，即便是一个全新的研究领域，教师也需要借鉴和吸收他人的知识经验。另外，在研究的过程中，也会产生大量的研究资料，这些也需要教师进行整理，所以教师必须要具备搜集整理教育研究资料的能力。

在搜集他人的教育研究资料时，教师应选择多种渠道，从不同方向收集与教师研究选题相关的内容，这样有助于教师拓宽研究的思路。针对教师自己的研究资料，教师应在研究过程中及时进行收集，如采用录音、拍照、摄像等方式，便于后期进行整理。资料的搜集是一个比较漫长的过程，因为教育研究不是一朝一夕的事，这就要求教师不仅要细心，还要有恒心，这样才能在日积月累中获得丰富的研究资料。在整理研究资料时，为了提高整理的效率，同时便于随时调取资料，教师应掌握微机存储、统计数据的方法，这些方法可以辅助教师节省大量的时间和成本，从而大幅度提高教师教研的效率。

（三）教改实验的能力

教改实验是指依据教师的课题研究，将研究设想应用到教学实验中。在具体操作中，教师可结合实际情况对教学实验进行灵活的调整，如调整时间的长短、调整运用的方法等。教改实验虽然是在实际的教学环境中进行的，但与教学又不完全相同，需要教师在人力、物力准备的基础上，做到以下三点：

第一，教改实验的目标明确。目标含糊、脱离实际是教改实验的大忌，因为实验的目的就是要验证设想的可行性，如果目标本身不明确，便不能实现对设想的验证，实验也便失去了意义。因此，教学实验的目标必须是明确的，并且能够比较直观地判断目标是否达到，这样便于教师依据教改的结果对设想做出修正。

第二，把控实验过程。为确保教改实验结果的准确性和科学性，教师需要对实验过程有一个较好的把控。当然，由于存在一些不可控的因子，在实验过程中难免会出现突发事件，教师应注意对事件进行记录和分析，并将其作为一个因素归结到实验中。其实，在真实的教学中也同样存在一些不可控的因子，这些因子的出现反而增加了实验的真实性，只要教师能够从整体上把控实验，并对这些因子进行详细的分析，它们就会成为宝贵的数据资料。

第三，对实验进行总结验收。一轮实验结束后，必须进行总结验收，一方面总结成果，为实验提供数据依据；另一方面总结经验，为下一轮的实验提供借鉴。在教育研究中，常用的总结验收形式有两种：一种是表格形式，即将各项内容列到表格中；另一种是用文字阐述，要求能够用凝练的文字反映出规律性的认识。

（四）撰写论文的能力

撰写论文是教育研究中的重要一步，是指教师将教育研究中的成果以及心得体会用文字的形式概括出来，然后公之于众。教育研究是推动教育事业发展的重要途径，教师将论文发表之后，可以供其他教师参考和借鉴，从而使教师教育研究的成果能够大范围地进行推广。教育论文属于学术论文的范畴，对教师能力有着较高的要求，具体而言，主要包括以下三个方面的能力。

1. 聚焦定题的能力

题目是一篇论文的眼睛，通过这双"眼睛"，读者可以大致了解论文要叙述的中心内容，所以凸显论文的"眼睛"至关重要。教师在斟定论文题目时，一定要紧紧围绕自己教育研究的方向，不能脱离主题，并尽可能用简洁的语言将研究的主题传达给读者。这就要求教师具备聚焦定题的能力，能够将数千字的论文凝练成一个小小的题目，并通过这个小小的题目将问题讲清楚、说明白。

2. 组织结构的能力

斟定论文题目后，便需要架构论文的结构，这是展开具体论述的前提，因为只有架构好论文结构，才能使论文的论述更具逻辑性，才更容易让读者读懂。目前，常用的论文结构有横式、纵式和综合式三种。横式是一种从横向角度论述中心主题的结构，各层次的关系是并列的；纵式是一种由浅入深、由表及里的论述结构，各层次之间呈递进的关系；综合式则是一种纵横交叉的结构，既有横向论述，也有纵向论述，但横纵之间的安排应合理，否则容易使论文结构显得混乱。上述三种结构各有特点，教师在撰写论文时应结合论文选题的内容进行选择，不必拘泥于某种结构，正所谓"文无定路，殊途同归"，说的便是这个道理。

3. 铺开论述的能力

在组织好论文的结构之后，教师便可以结合收集整理的资料展开具体的论述。在论述时，要做到逻辑严谨，言简意赅，理论与实际相结合，并阐明自己的分析和结论，切忌只是将资料罗列，不进行必要的分析，这样收集整理的资料也不能发挥效用，论文的价值也将大打折扣。前面提到，论文的一个作用就是让其他教育工作者也能够看到，从而使研究的成果得到推广，所以卓越教师必须要具备铺开论述的能力，用论文将研究内容阐述清楚，让读者不仅知其然，还知其所以然。

第三节 卓越教师的职业理念

卓越教师的职业理念是指教师在教学实践过程中形成的观念与价值体系，是一种职业意识形态，包括教育职能观、学生观与教师观，其中，每一种观念都有更为细致的划分，如图3-4所示。

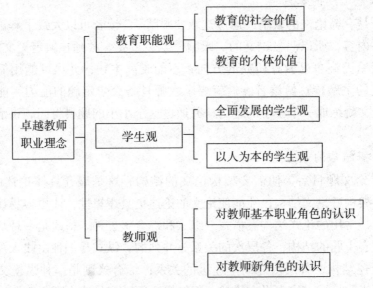

图 3-4 卓越教师职业理念的框架图

一、教育职能观

在教师应具备的职业理念中，教育职能观是最基础的。教育作为一种以培养人为目的的社会活动，不同群体对其有不同的看法和见解。教师是教育的实践主体，对教育有着不同于他人的认识，这种认识应该是全面且深刻的，不仅体现在对教育社会价值的认识上，还同时体现在教育对个体价值的认识上。

（一）教育的社会价值

教育的社会价值是指教育在促进社会发展中发挥的价值。教育作为一种社会活动，与社会之间本身便存在着密切的关系，这种关系存在两面性：一方面，教育能够促进社会的发展；另一方面，教育在某种程度上受到社会的制约。在本小节中，笔者仅就教育的社会价值展开论述，具体涉及经济与文化两个方面。

1. 教育的经济价值

教育的经济价值指教育对促进社会经济发展所起的作用。从古至今，教育都是促进社会经济发展的一个重要因素，虽然直观来看，教育并没有直接产生财富，但教育却通过影响经济活动再生产劳动者和再生产科学技术影响着社会经济。

（1）教育是劳动者再生产的基本手段。在诸多的生产力要素中，人是最核心的要素，虽然在现代生产中，已经初步实现了机械化和信息化，但其核心仍旧是人（如科学技术人员、管理人员、操作人员等）。因此，教育依旧是劳动者再生产的基本手段。首先，教育可以把一般性的劳动者转变为专业性的劳动者。专业性劳动对从业人员通常具有专业性上的要求，对于没有接受过专业教育的人员，由于缺乏专业性的知识，因此大多只能从事一般性的劳动，而通过专业教育，便可以将个体转变为某一行业或某一领域的专门劳动者。其次，教育可以将低水平劳动者转变为高水平劳动者。现代社会是知识社会，很多行业都对从业者提出了知识素养上的要求，一个不具备知识的个体大概率上只能从事低水平的劳动，而接受教育掌握知识之后，便大概率上可以从事高水平的劳动。最后，教育可以将单维度劳动者转变为多维度劳动者。现代经济学认为，劳动者应该是多维度的，他们应该有更高的层次和境界，有更丰富的精神世界。显然，一个缺乏教育的人很难成为多维度的劳动者，他们更多时候只是一个纯粹的劳动力，而通过教育，通过知识的学习与思想上的改造，便可以跨过这个维度，成为一个多维度的劳动者。

（2）教育是科学知识再生产的重要手段。科技也是影响生产力的一个要素，教育作为传播科学文化知识的一个途径，自然与科学技术发展也有着紧密的联系。一方面，教育能够传递和传播科学知识。在诸多途径中，教育是传递和传播科学知识最有效的一个途径，通过教育的传授和传播，即便没有产生新的科学知识，也使得科学知识得到了延续，并扩大了科学知识影响的范畴，让更多人掌握了科学知识，这可以理解为是一种科学知识的扩大再生产。另一方面，教育能够发展科学。教育的另一个职责是创新科学知识，这一点在高校中尤为突出。教育在科学知识创新上的贡献主要采取以下两种途径：一是通过科研进行创新；二是通过培育人才推动科学的创新。但无论哪种途径，对于促进科学的发展，推动科学知识的再生产都起到了非常积极的作用。

2. 教育的文化价值

文化的内涵非常丰富，从某种意义上来说，教育也属于文化的一部分，但教育又有其特殊的属性，所以教育同时又是文化传承和发展的重要手段，这也是教育的文化价值的体现。

（1）传承文化。文化是社会活动的产物，也是促进社会发展的重要因素。在人类社会发展的过程中，文化随着人类的发展而不断被传承和发展。由于文化的特殊属性，文化的传承只能通过后天的学习和实践，因此教育便成了文化传承的重要手段。当然，文化可以依托文字或其他手段进行保存和传递，这避免了由于朝代更替（或个体生死交替）而造成的文化流失，但文化不是"死"的，附着于文字上的文化属于储存形态的文化，缺少了"活性"，需要人去发掘，而教育便属于一种发掘方式，它能够使储存形态的文化被激活，并通过向他人传授使文化得到传承。

（2）发展文化。文化的传承是一个动态的过程，随着社会的发展，文化也会随着社会需求的变化而不断变化，所以在传承文化的过程中，必然会出现对文化的创新，以满足社会发展的需求。教育作为文化传承的一个重要手段，面对社会对文化发展需求的变化，也应该发挥创新和创造文化的作用，从而促进文化的发展。一方面，教育应发挥文化批判的作用。教育在传承文化的过程中，应结合社会发展现状，对文化进行批判，要勇于批判文化中糟粕的内容，传承文化中精华的部分，在传承时，也应该结合社会发展做出适当创新。另一方面，教育在传承文化、融合文化的基础上，可以创造符合时代的新的文化。学校是新思想、新文化的发源地，同时是培养学生创造力的场所，这决定了教育无疑是创造新文化的地方。① 总之，无论是通过批判继承，还是融合创新，教育在促进文化发展中都发挥着重要的价值。

（二）教育的个体价值

个体是社会组成的一部分，教育的社会价值在个体身上得以体现，对个体来说，教育的社会价值主要体现在以下几个方面：

1.教育能促进个体主体意识的强化与发展

主体意识是人作为认识和实践活动的主体的自觉意识，包括主体的自我意识和对象意识。简而言之，主体意识就是个体对主观能动性的自我认识。② 就个体发展而言，主体意识非常重要，只有具有主体意识，才不会被他人随意支配，也才能在受外界制约的时候由被动转为主动。

---

① 孟伶泉，吕峰，张琄玡.基于现代理念的教育理论与实践[M].北京：中国书籍出版社，2018：110.

② 杨其勇，李宗远.理论教育学研究[M].成都：西南交通大学出版社，2013：242.

人作为具有较高智商的一种生物，与生俱来便拥有自我意识，但主体意识却很弱，只能通过后天的学习和实践不断强化和发展。显然，教育便是强化和发展个体主体意识的一个有效途径。通过接受教育，个体不仅获得了知识的积累，还接受了思想、道德等方面的洗礼，从而逐步实现个体主体意识的强化，进而达到变革主观世界与客观世界的目的。

2. 教育能促进个体差异化的发展

由多元智能理论可知，个体在智能上天然存在着差异，这种差异从某种程度上决定着个体未来的发展方向。此外，由于个体生物学特征的存在，个体在其他方面也必然存在着差异，再加上后天环境的不同，这种差异又会被进一步地放大。因此，教师面对的学生存在着明显的个体差异。教育强调的是因材施教，教师应该依据学生的个性差异实施差异化的教学，从而使每一位学生都能够充分地发挥其潜力，并形成独具特色的个性特征。

3. 教育能促进个体价值的提升

我国唐代诗人李白在《将进酒》一诗中写道："天生我材必有用。"其意思是："上天生下我来，必然有需要用到我的地方。"的确，每个个体降生到这个世界上，都有其价值，且都有着无法估计的潜在价值（在个体价值真正发挥之前，我们很难对个体的价值做最终定论，并且对价值的判断也有不同的标准，在此笔者选取个体对社会的贡献作为衡量其价值的标准）。显然，教育是激发个体潜在价值的一种有效手段。通过接受教育，个体可以获得更多的知识。随着知识的增加，个体的价值也会随之得到提升，个体价值通过知识这一推动社会发展的重要动力得以体现。

二、学生观

教育面向的对象是学生，其最终目的就是要促进学生的发展。教师只有具备正确的学生观，才能真正将教育的重心落到学生身上。随着教育事业的不断发展，新的教育理念不断产生，陈旧、过时的学生观已经不符合现代教育的需求，所以作为卓越教师，必须具备符合现代教育的学生观。具体而言，现代教育的学生观主要体现在以下两个方面。

（一）全面发展的学生观

现代教育强调的是"全人"的教育，而非"偏缺"的教育。一个"完整的人"必然是具有综合素质的人，而不是仅仅具有智能的人。因此，教师应具备全面发展的学生观，这样才能确保学生基本素质的各个方面都获得一定的发展。当然，要更好地将全面发展观渗透到教学中，教师还需要认识到以下三点。

1.学生的身心发展具有规律性

人的身心发展是一个连续的过程，而在连续发展的过程中又体现出一定的阶段性，即不同阶段的人呈现出不同的身心特征。不同阶段的身心特征呈现相对稳定的特点，但同时也存在一定的可变性，这决定着教师对学生身心特征的认识应该是动态的。在教学中，教师要以动态的眼光认识学生身心发展的规律性，这是了解学生和认识学生的基础，教师应该依据学生的身心发展特征开展教学活动，从而有效促进学生身心的健康发展。

2.学生是处于发展中的人

无论从哪个方面看，学生都是处于发展中的人，并且由于学生身心发展还不成熟，在发展过程中出现错误在所难免。作为教师，应该以发展的眼光去看待学生，允许学生犯错，只要学生能够积极改正，错误反而会成为促进他们发展的催化剂。其实，每一个个体都是发展中的人，成年人在发展的过程中都不可避免地会犯错，更何况是身心发展还不成熟的学生？从某种意义上来说，没有矛盾、没有缺陷、没有问题，也便缺少了发展的动力，面对学生出现的错误，教师应该积极地引导，帮助学生解决问题、改正错误，从而使学生在对自我的纠正中获得进步和发展。

3.每一位学生都具有发展的潜能

在教学实践中，有些教师根据学生的表现，常常会对学生下有潜能或无潜能的定论，并就此对学生进行分类，然后将更多的时间和精力放在他们认为有潜能的学生身上。其实，很多科学研究都已经证实了，每一位学生都具有巨大的发展潜能。无论是国外学者德·波诺的横向思维训练，费厄斯坦的工具性强化训练，还是国内学者吴天敏的动脑筋练习，林崇德的思维开发教育，都得出过人脑通过专门的训练，智力水平可以得到明显提高的结论。[①] 作为教育工作者，不能因为学生一时的表现就下定论，而是要相信每一位学生都蕴含着巨大的能量，只要教师善于发掘、耐心发掘，每一位学生都能够获得相应的发展。

（二）以人为本的学生观

笔者在前文多次提到，教育的目的是促进学生的发展，所以以人为本的

---

① 汪明春，杨会燕.教师教育综合素质教程[M].武汉：华中科技大学出版社，2016：78.

学生观就是以学生为本，即将学生看作是学习的主体，把学生看作"完整的人"，尊重每一位学生，使每一位学生都能得到发展。

1.学生是教育活动的主体

传统的学生观认为，教师是教育活动的主体，学生是教育活动的客体，教学活动就是教师主体向学生客体传递知识的一个过程。不可否认，教师在教学活动中发挥着重要的作用，是传递知识的桥梁，但学生并不是知识接收的容器，他们是有思想、有情感、有主观意识的人，如果教育活动忽视了这一点，那培养出来的学生也只是一个装有知识的"容器"。从建构主义理论可知，学生学习知识的过程是一个建构的过程，只有充分发挥学生的主观能动性，才能促进学生对知识的建构。因此，教师应充分认识到，学生才是教育中的主体，教师的教学活动应围绕学生展开，以引导学生自主建构知识为主，这样才能促进学生对于知识的学习，并促进学生综合能力的发展。

2.学生是独特的个体

在对待学生的认知上，教师常常将学生群体看作是某一个阶段的共同体，以便更有效地实施教育活动。不可否认，教育具有统一性，因为从数量来说，学生的数量远远超过教师，为了便于实施教学活动，教师将学生看作一个具有共同特征的群体无可厚非。但教师不能因此忽视甚至抹杀学生的独特性，教师首先要确立学生是独特的个体这一命题。简单来说，在对学生进行统一教育的基础上，还应同时进行差异化的教学，尊重学生的差异化发展，从而将学生培养成具有独特个性的人。

三、教师观

教师观是教师职业理念的重要组成部分，主要指教师对自身职业角色的认识。教师观影响着教师的专业发展水平，因此教师要树立正确的教师观，对自身职业角色有一个正确的定位。关于教师的职业角色定位，笔者在本书第一章第一节中已有论述，主要包括两个方面：一是对教师基本职业角色的认识，二是对现代教育背景下教师新角色的认识。在本节中，不再赘述。

第四节　卓越教师的职业素养

教师职业素养是卓越教师能力体系中的重要组成部分，它是教师职业道德的具体体现。在本节针对卓越教师职业素养的论述中，笔者将从一个新的视角切入，即从教师的学科教学、师生交往、教师团队互动三个方面入手，依次针对每个方面做进一步的剖析，从而建构卓越教师的职业素养体系，如图 3-5 所示。

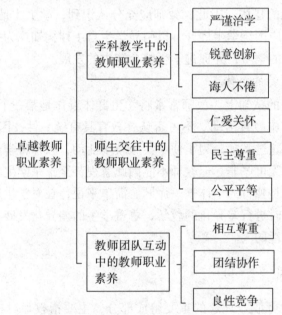

图 3-5　卓越教师职业素养框架图

一、学科教学中的教师职业素养

（一）严谨治学

教师的主要任务是教学，要出色地完成教学任务，就需要对知识有深刻的认知，而对知识的深刻认知来源于教师严谨的治学态度。的确，教师如果不具备严谨的教学态度，对知识不进行深刻的探索和研究，在教学中对学生敷衍搪塞，不仅不利于教师自身的发展，还不利于学生的发展。《中小学教师职业道德规范》中也明确规定："严谨治学，树立优良的学风，刻苦钻研业务，不断学习新知识，探索教育教学规律，改进教育教学方法，提高教育、教学和科研水平。"教师作为人类灵魂的工程师，担负着传递人类文化的重任，教师只有做到严谨治学，认真钻研学问，才能不断朝着卓越教师的目标迈进，也才能用自己的光亮照亮学生前进的道路。至于如何做到严谨治学，笔者认为可以从以下两个方面做出思考。

1. 勤于学习

《礼记·学记》中说："虽有嘉肴，弗食，不知其旨也；虽有至道，弗学，不知其善也。是故学然后知不足，教然后知困。"笔者曾经听过一个比喻：一人的认知好似一个圆，学习的知识越多，圆的面积越大，而面积越大，其外围接触的空白也就越多，也就越能感受到自己在知识上的不足。这个比喻形象地解释了"学然后知不足"的道理。教师在知识储备上虽然比学生多，但社会在不断发展，知识在不断更迭，教师"并不是贩些知识来，就可以终身卖不尽的"[①]，而是要活到老、学到老，这样才能跟上知识更迭的步伐，从而确保所传授知识的准确性。

关于知识的学习，首要的途径是通过书籍进行学习。书籍是人类进步的阶梯，教师在教学和研究中遇到的很多问题，很多都可以在书中找到答案。因此，在教学和研究之余，教师应多阅读、多思考、多记录，时刻从书中汲取营养，从而使自己不断成长。除了通过书籍学习知识之外，教师还可以向他人学习，正所谓"三人行，必有我师焉"，每一位教师身上都有值得他人学习的地方，教师要保持开放的心态，以一颗谦虚之心向他人学习，从而在不断地"择其善者而从之"中实现自我发展。

2. 刻苦钻研

钻研是教师严谨治学的一种体现，教师作为教育工作者，是学生学习路上的指路明灯，如果教师这盏灯存在问题，无疑会影响学生的发展。而在教学过程中，教师可能会遇到各种各样的问题，如果教师抱着得过且过的态度，不对问题加以思考和研究，这样不仅是一种不严谨的做法，还是一种不负责任的做法。因此，在日常的教学实践中，当遇到问题时，教师应以一种刨根问底的姿态去面对，刻苦钻研，认真反思，从而在不断地"实践—问题—钻研—反思—实践"中提高个人的教育教学水平。

---

① 本报评论员. 以"四有"教师为目标做好学生"引路人"[N]. 光明日报，2016-09-12(001).

（二）锐意创新

教师的锐意创新是指教师在教学过程中不拘泥于教学常规，敢于结合教学实际，探索和应用新的教学方法和模式。教师职业具有规范性，但同时教师职业也具有创造性，在遵守基本规范的基础上，教师应勇于创新，开拓进取，这是卓越教师必不可少的职业素养之一。的确，在新的时代，创新已经成为重要的时代精神，在学生教育中，也反复强调学生创新能力培养的重要性。作为学生标杆的教师，更应该具备创新的意识，并在教学中不断实践，这是教师对新时代、新要求的有力回应。关于如何做到锐意创新，笔者认为可以从以下三个方面做出思考。

1.及时转变教育理念

随着时代的发展，新的教育理念层出不穷，与传统教育理念相比，新的教育理念更加符合社会发展的要求。就教育的目的而言，服务社会是其目的之一，所以学校教育出的人才应该符合社会发展的需求。显然，传统的教育理念与社会发展已经脱节，传统教育理念下培育出的人才也很难满足社会发展的需求，这样的教育无疑是失败的教育。因此，作为学生的引导者，教师需要以开放的眼光去看待教育的发展，并随着社会的发展及时转变自己的教育理念，从而在新的教育理念的武装下培养出满足社会发展需求的新时代人才。

2.敢于质疑和批判

《陆九渊集·语录下》中提道："为学患无疑，疑则有进，小疑则小进，大疑则大进。"在知识的学习中，疑问是进步的一把钥匙。教师要敢于提出质疑，不迷信权威，不迷信经验，通过自己的实践去探索、去发现、去解决教育教学中存在的问题。此外，针对存在疑问的地方，教师应该敢于批判，即便面对的是权威和专家。在批判和质疑的过程中，教师会不断地进行探索和研究，以论证自己的批判和质疑是否正确，即便最后证明教师的批判和质疑是错误的，在这个过程中教师也能够得到成长。

3.积极探索课程改革

在新课改的大背景下，课程改革进行得如火如荼，也取得了一定的成效。作为落实课程改革的"先锋"，教师不能因循守旧，应结合自身的教学实践，积极探索课程改革的方向。探索是创新的途径之一，在教学中，教师要勇于打破常规，针对课程改革积极进行探索。课程改革之路是较为漫长的，不是一位教师就可以实现的，而是需要所有教师共同努力，最终开辟一条康庄大道。

（三）诲人不倦

诲人不倦出自《论语·述而》的"若圣与仁，则吾岂敢？抑为之不厌，诲人不倦，则可谓云尔已矣"，意思是教师要对学生有耐心，不能让学生放任自流，也不能急于求成。卓越教师职业素养中强调的诲人不倦除了要求教师具有耐心之外，还需要教师具备责任心。

1.教师应具有耐心

正所谓"十年树木，百年树人"，学生的发展是一个长期的过程，教师作为学生发展过程中的引导者，要具备足够的耐心，不能因为学生犯几次错误就责备学生，甚至对学生放任自流。对于学生而言（尤其中小学生），他们的身心发展还不成熟，对事物的认知也比较浅，犯错在所难免，教师的责任之一就是引导学生知错就改，而不是不允许学生犯错。试想，如果学生都不会犯错，心智都是成熟的，那么教师的教育也便没有意义了。因此，教师要站在学生的角度去思考问题、看待问题，然后用自己的知识和经验去耐心地引导学生，从而使学生在对错误的认知中获得更加快速的成长。

2.教师应具有责任心

作为社会中的一员，每个人都有自己所要承担的责任，而在不同的身份角色中，其所承担的责任也不尽相同。作为教师，其责任就是教育学生，无论学生成绩好坏，教师都应该抱着"一个也不能少"的态度，以高度的责任心对待每一位学生，这是卓越教师职业素养中的核心内容。苏联教育家加里宁说："国家和人民把儿童信托给教师们，要他们来教育这些在年龄上最容易受影响的人，信托教师们来培养、教育和造就这代青年，也就是说，把自己的希望和自己的未来都完全嘱托给他们。这乃是把伟大责任加在教师们身上的一种重托。"[1] 当然，我们不能站在社会发展的高度去强迫教师一定要无私奉献自己，但教师要认识到自己的责任所在，而不是单纯地把教师当作一份工作，把上课作为工作的全部，而是要把责任心落实到每一位学生身上，真正做到教书育人。

二、师生交往中的教师职业素养

教师与学生作为教育活动中的两个主体，他们之间是相互作用、相互联系的关系，并不是教师单方面对学生产生作用的关系，如图3-6所示。因此，

---

① 董晼倩.外国著名教育家锦言集[M].沈阳：辽宁教育出版社，1987：184.

在教学活动中，教师应体现出仁爱关怀、民主尊重、公平平等的职业素养，这也是卓越教师应具备的职业素养。

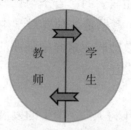

图3-6 教师与学生的相互影响关系

（一）仁爱关怀

在与学生的交往中，教师首先要做到仁爱关怀。我国著名的教育家夏丏尊曾说过："没有爱，就没有教育。"[1] 我们常常用"润物无声"来形容教师对学生的教育，学生就像春天中生长的禾苗，教师便是春天中的细雨，要用爱去浇灌学生。那么如何体现教师对学生的仁爱，如何关怀学生呢？笔者认为可以从以下两点着手。

1.在了解学生的基础上关爱学生

教师对学生的爱不能是盲目的，应该建立在了解学生的基础上，这样的爱才是真诚的爱，也才能使教师的言行发挥出最大的效用。世界上没有两片相同的叶子，同样，世界上也没有两个完全相同的人，教师在面对学生群体时，要认识到学生之间存在的差异，并认真分析这种差异，然后针对不同的学生采取适当的措施。比如，有些学生注重学习上的关怀，有些学生注重生活上的关怀；有些学生注重精神上的关怀，有些学生注重身体上的关怀……教师需要深入了解学生，并在此基础上采取最恰当的方式，这样教师的爱才能直达学生的心灵世界，进而对学生产生更大的影响。

2.用适当的方式关爱学生

对于从事教育行业的人来说，大多都具备较强的责任心、耐心和爱心，但在具体的实践中，一些教师由于采取的方式不对，以致他们的关爱的表达没能传达到学生身上，从而引起了学生的叛逆，并由此导致了师生关系的恶化。比如，在面对一些比较调皮的学生时，教师为了帮助学生改正错误的行为，常常会采取惩罚的措施，其目的是让学生认识到错误，但很多学生并不理解教师

---

[1] 项建达.没有爱，就没有教育 — 再读《爱的教育》[J].教师博览，2010(9)：38-39.

的做法，甚至会产生"教师针对自己"的想法，采取更多错误的行为去对抗教师，最终导致师生关系的僵化。在对学生的教育中，惩罚是一种措施，但教师一定要掌握好度，同时结合其他教育方式多管齐下，这样才能将教师的关爱传达给学生，让学生认识到所作所为都是基于爱这一基础，从而让学生在对爱的感知中理解爱、接受爱、学会爱。

（二）民主尊重

1.民主

民主是政治学中的一个概念，其意思是政治的决定权不在少数人，而在人民群众。[①]延伸到教育教学中，民主就是指教师在与学生的交往中不能充当发号施令的权威者，而是要尊重学生的主体地位，让学生能够充分发表自己的见解和意见。在过去，师生关系如同父子关系，教师与学生形成了一种师尊生卑的关系。在现代社会，这种关系已经被纠正，教师作为人类灵魂的工程师，值得每一个人的尊重，学生更是要尊重教师，但这种尊重是建立在民主的基础之上的。的确，尊重与尊卑是两个概念，教师不能因为学生的尊重就是看高自己、看低学生，而是要在教学活动中与学生进行民主的对话，并通过民主的对话引导学生理解知识、建构知识，进而促进学生的健康发展。

2.尊重

教师是学生前进路上的明灯，学生要学会尊重教师；同样，面对学生时，教师也要学会尊重学生。1989年召开的联合国大会基于儿童权利提出了四项基本原则：

（1）儿童最大利益原则。任何事情凡是涉及儿童，必须以儿童利益为重。

（2）尊重儿童尊严的原则。儿童的尊严和成人的一样神圣不可侵犯。

（3）尊重儿童的观点和意见的原则。

（4）无歧视原则。无论儿童的社会背景、出身、家庭如何，都应当得到平等对待。[②]

《儿童权利公约》中对儿童的界定范围是0-18岁，中小学生大多处于这个阶段，教师在面对这个阶段的学生时，虽然要考虑他们身心发展的不成熟性，但并不能因此剥夺他们应有的权利，不尊重他们的看法和建议。相反，教师应充分认识到学生的主体作用，将学生的权利归还给学生，同时在言行举止

① 顾肃.自由主义基本理念 第2版[M].北京：中央编译出版社，2005：110.
② 郑才苗.浅析中小学生人格尊严的侵权、维权与协调 — 八年级思品课《维护我们的人格尊严》的生活实例诠释[J].文科爱好者（教育教学版），2012(1)：120-122.

上表现出对学生应有的尊重。

（三）公平平等

所谓公平平等，就是教师在教育教学中能够客观地评价学生，同时能平等地对待每一个学生。平等是教育的基础，早在两千多年前，孔子便提出过"有教无类"的理念，在现代社会，一名卓越教师，更是要在教学实践中贯彻这一理念。针对教育公平，在《中华人民共和国教育法》中也有明确的规定，如第三十七条：

受教育者在入学、升学、就业等方面依法享有平等权利。学校和有关行政部门应当按照国家有关规定，保障女子在入学、升学、就业、授予学位、派出留学等方面享有同男子平等的权利。

再如第四十三条：

受教育者享有下列权利：

（1）参加教育教学计划安排的各种活动，使用教育教学设施、设备、图书资料；

（2）按照国家有关规定获得奖学金、贷学金、助学金；

（3）在学业成绩和品行上获得公正评价，完成规定的学业后获得相应的学业证书、学位证书；

（4）对学校给予的处分不服向有关部门提出申诉，对学校、教师侵犯其人身权、财产权等合法权益，提出申诉或者依法提起诉讼；

（5）法律、法规规定的其他权利。

作为学生，他们是受教育者，他们的身份角色是平等的，虽然学生在成绩上有差别，但在享受教育的权利上是没有差别的。在强调学生全面发展的今天，成绩并不能代表学生的全部，卓越教师在看待学生发展时，必须要跳出成绩这一范畴，从学生长远发展的视角，平等地对待每一个学生，真正做到"一个也不能少"。

三、教师团队互动中的教师职业素养

（一）相互尊重

尊重不仅体现在师生之间，还体现在教师与教师之间。作为社会中的一员，我们首先要学会尊重他人，这样才能得到他人的尊重。对于在同一所学校任教的教师来说，彼此存在较多的交集，更要学会彼此尊重。那么，教师之间怎样才能做到相互尊重呢？笔者认为教师应做到以下几点。

1.尊重他人的权利

权利是社会关系的产物，作为社会关系中的一员，我们每个人都有属于自己的权利，这些权利是他人不能侵犯的，而尊重他人的权利是对他人最基本的尊重。在教师团队互动的过程中，无论是为了达到什么目的（比如为了促进彼此的发展，为了提高班级教学质量等），教师团队之间都不能以牺牲彼此的权利为代价，否则会影响团队的凝聚力，不利于教师团队的发展。例如，在教学实践中，有时会出现教师占课的情况，比如数学、语文、英语等主科的教师去侵占美术、音乐、体育等科课的教师的课堂，这种做法就是对教师权利的一种侵占。教师团队的发展需要团队内所有教师的努力，团队中的成员要学会尊重彼此的权利，使团队内教师的力量拧成一股绳，从而共同推动教师团队的发展。

2.尊重他人的差异

在教育教学中，我们强调学生的差异性，并强调要学会尊重学生的差异性，以促进学生的差异化、个性化发展。对于教师而言，同样存在差异性，教师彼此之间也要学会尊重彼此的差异性，这是教师良好职业素养的一种体现。在一个教师团队中，教师之间存在家庭、性格、兴趣、能力等多方面的差异，这种差异性应成为教师团队发展的一个特色，而不是教师团队发展的阻碍。比如，有些教师性格比较内向，不善于交际和言谈，其他教师不能孤立这样的教师，而是要鼓励其大胆发言，融入团队之中。其实，差异性对教师团队发展而言有着积极的促进作用，正是因为存在差异，才存在更多思想上的碰撞，才能产生更多新的思想。因此，教师团队中的教师要学会彼此尊重对方的差异，并利用彼此之间的差异性促进教师团队的发展。

（二）团结协作

教育是一项集体协作性很强的职业劳动，它不仅需要教师个体的辛勤耕耘，还需要教师之间的团结协作。的确，现代教育对教师的要求不仅体现在个人能力上，还体现在团队协作的能力上，毕竟教师一个人的力量是有限的，只有发挥团体的力量，才能取得更大的成效。另外，教师作为学生的榜样，教师之间的团结协作能够对学生起到示范作用，这对于促进学生的发展也可以起到一定的积极作用。因此，教师之间应学会团结协作。那么怎样才能促进教师之间的团结协作呢？笔者认为教师至少应具备以下两种意识。

1.平等意识

教师之间的合作是建立在平等的基础之上的，所以教师要具备平等的意识。在一个教师团队中，教师之间不可避免地存在着差异，包括能力和经验上的差异。能力较强、经验比较丰富的教师不能轻视青年教师，因为青年教师身上也有值得学习的地方，他们也是教师团队的一分子，也能够为教师团队的发展，乃至教育事业的发展贡献一分力量。作为团队中的一员，教师首先要认识到这种平等性，并形成平等的意识。

2.共享意识

共享意识是一种懂得分享的意识，即教师能够将自己的经验、认知等与其他教师进行分享。每一位教师在教学实践的过程中都会形成自己的经验，在学习的过程中也会形成自己的认知，这些经验和认识是一个人智慧的体现，如果教师能够将这些经验和认知分享给他人，对其他教师的成长将产生非常积极的作用。可以想象，如果每位教师都能够将自己的经验与认知分享给其他教师，那么这些经验和认知所起到的作用将会被成倍地放大，而且彼此分享的过程也能够拉近教师之间的距离，可谓一举两得。

（三）良性竞争

同合作一样，竞争也是社会互动中的一种形式。与合作不同的是，竞争可看作是一种冲突，这种冲突能够促进竞争双方的发展。对教师而言，除合作之外，其实也存在竞争的关系，只要这种竞争是良性的，对教师发展而言也是具有重要意义的。

什么样的竞争是良性的，在笔者看来，良性竞争应满足以下三个条件：

其一，教师之间的竞争能够促进学校教育事业的发展。教师之间的竞争能够增强学校的活力和生机，在教师的竞争中，教师不断获得发展，学术研究不断实现突破，学校教育质量不断得到提升。

其二，教师之间的竞争能够促进双赢局面的形成。在教师与教师的竞争中，虽然表面来看只有一个胜利者，但综合来看，教师都在竞争中获得了成长，这便是一种双赢的局面。

其三，教师之间的竞争是公平、公正的。教师之间的竞争应遵守基本的规则与规范，不能采取不当的竞争手段，不能通过损害他人的利益去谋取竞争的胜利。

在教师团队的互动过程中，竞争也是不可或缺的，这是促进教师发展和学校发展的一个有效途径。当然，学校一定要引导教师间的良性竞争，只有这样的竞争才能产生正向的作用，才能发挥促进教师发展与学校发展的积极作用。

第五节　卓越教师的心理素质

心理素质也是卓越教师能力体系中的重要组成部分。要想成为卓越教师，必须具备优秀的心理素质，这是教师发展不可或缺的能力。与此同时，教师肩负着培养学生的重任，教师的心理素质在很大程度上影响着学生的发展，教师应该用自己优秀的心理素质去塑造学生的心灵，从而更好地完成教书育人的任务。具体而言，卓越教师优秀的心理素质主要体现在认知品质、人格特征和适应能力三个方面，如图 3-7 所示。

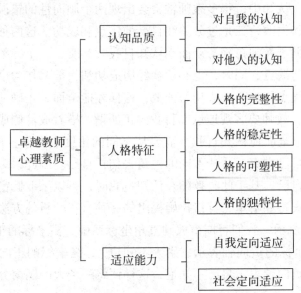

图 3-7　卓越教师心灵素质框架图

一、认知品质

认知是指人认识客观事物、反映客观事物的特性与联系，并揭露客观事物对人的意义和作用的心理活动。认知过程就是信息获得、贮存、转换、提取和使用的过程。① 人与动物的一个区别就是人具有较强的认知能力，人的很多行为都是在认知的基础上发生的。作为卓越教师，需具有优良的认知品质，包括对自我的认知与对他人的认知，只有这样才能更好地开展教育活动。

（一）对自我的认知

自我认知是对自己的洞察和理解，是主观自我对客观自我的认识与评价，是自己对自己身心特征的认识。② 作为一个具有主观意识的个体，对自我的认知非常重要，这是解释自我、引导自我的重要手段。对于卓越教师而言，对自我的认知包括非职业角色认知与职业角色认知两个方面，但在实践中，我们很难将职业角色从个体身上剥离，因此，教师对自我的认知应该由完整个体的角度着手。

一方面，教师应全面地认识自我，既要看到自己的优点，也要看到自己的缺点。在自我认知中，很多教师常常会出现两个倾向性的错误，一是过分关注自己的缺点和失败，二是过分关注自己的优点和成功。这两种认知方式都是错误的，都无助于教师正确、全面地认知自我。其实，一个完整的个体必然同时存在着优点与缺点，同时，也必然会经历成功和失败。作为卓越教师，要正确看待自己的优点与缺点、成功与失败，这样才能全面、正确地认知自我。

另一方面，教师要客观地认知自我。正所谓"横看成岭侧成峰，远近高低各不同"，要想全面地认知自我，需要从不同的角度去探索，但就个体而言，很难客观地将自己剥离，并从不同的视角去剖析自己。因此，个体很难做到完全客观地认识自己。基于此，教师在认知自我时，可以采取橱窗分析法，这是由杰瑟夫·卢夫特和哈里·英格拉姆提出的一种自我分析的方法。

如图 3-8 所示，我们将橱窗放到直角坐标系中，横坐标的正向轴表示"别人知道"，横坐标的负向轴表示"别人不知道"，纵坐标的正向轴表示自己知道，纵坐标的负向轴表示自己不知道，这样便将一个大的橱窗分成了四个小的橱窗。

---

① 申燕，韩芳丽.大学生心理健康教育[M].北京：中国时代经济出版社，2017：135.
② 谷晓红.大学生职业发展规划[M].北京：中国中医药出版社，2017：64.

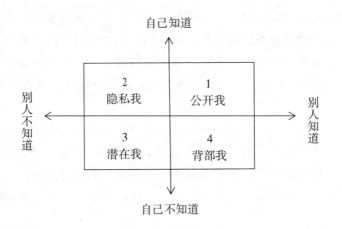

图 3-8　橱窗分析法

橱窗 1：属于"公开我"，即自己知道，别人也知道的部分，属于个人向外展露的部分。

橱窗 2：属于"隐私我"，即自己知道，别人不知道的部分，属于个人隐藏起来不向他人展露的部分。

橱窗 3：属于"潜在我"，即自己不知道，别人也不知道的部分，这是每个人都具有的一个部分。

橱窗 4：属于"背部我"，即自己不知道，别人知道的部分，又如一个人的背部，自己看不到，但别人能够看到。

由橱窗分析法可知，要加强对自我的认知，教师可以从"潜在我"和"背部我"两个方面着手，深入了解自己不知道的"自我"，从而使其对自我的认知更加全面和客观。

（二）对他人的认知

作为生活在社会中的个体，我们必然会与他人产生交集，因此恰当地认知他人具有重要的意义。作为教师，经常接触到的群体有学生、学生家长以及其他教师，虽然不同的群体呈现不同的特征，但在认识他们时，有两个共同的原则需要遵守。

1.全面性原则

同教师对自我的认知一样，对他人的认知也应该是全面的。尤其在面对学生时，教师不能仅仅因为学生某方面的表现便对学生下定论，而是要全面地了解学生，发掘学生的优点，正确看待学生的缺点。对学生优点的发掘能够提升学生的自信心，尤其对于学习成绩较差的学生，通过发掘和表扬他们的优点，可以凸显出教师对他们的关注，让他们产生一种公平感。另外，当发现学生身上存在缺点时，教师应以正确的眼光去看待，要积极引导学生，帮助学生改正缺点，不能因为学生身上存在缺点便消极对待学生，从而影响其健康的发展。

2. 客观性原则

在认知他人时，我们处在客体的位置，总认为自己能够客观地认识他人，但其实由于主观性的存在，我们对他人的认知难免也会存在偏差，而为了降低认知的主观性，提高对他人认知的客观性，在认知他人时要，尽可能避免以下几点：

（1）避免首因效应。在社会认知中，第一印象产生的影响很大，甚至能够产生长期的影响，这便是首因效应。从前文对全面性原则的论述中可知，对一个人的认知应该是全面的，而第一印象只是我们认知中非常小的一个部分，很可能是非常片面的，不客观的。因此，在对他人的认知中，教师应尽可能地避免首因效应的影响，不能凭第一印象去评判一个人，更不能因第一印象便对某一人下定论。

（2）避免晕轮效应。晕轮效应，又称"光环效应"，指的是人们对他人的认知与判断首先是根据个人的好恶而得出的，然后再从这个判断推论出认知对象的其他品质的现象。① 简单来说，当一个人被贴上"优秀"的标签后，我们会认为他在其他方面也同样优秀；相反，当一个人被贴上"恶劣"的标签后，我们会认为他在其他方面可能也表现恶劣。显而易见，晕轮效应也存在认知偏见，即在没有全面了解一个人的时候，便通过局部去判断整体，这样显然也是不客观的。因此，在对他人的认知中，教师也应该尽可能地克服晕轮效应。

（3）避免刻板印象。在社会交往中，人们常常会根据他人从事的职业、生活的区域、年龄层次等形成一套固定的认知，这便是刻板印象。不可否认，在大量的社会交往中，通过刻板印象可以帮助我们快速判断他人，但同时也容易导致对人认知的偏差和误解。因此，在对他人的深入认知中，教师要打破刻板印象，从而尽可能地降低对他人认知的偏差。

二、人格特征

人格是指一个人的整体精神面貌，即具有一定倾向性的心理特征的综合。

---

① 张弋洋.读心术 [M].成都：成都地图出版社，2019：41.

人格是构成一个人的思想、情感及行为的特有模式，在不同的时间与不同的情境中保持相对一致的行为方式的这一种倾向，就是人格特征。而教师的人格是指教师作为教育职业活动的主体，在职业劳动过程中形成优良的情感及意志结构、合理的心理结构、稳定的道德意识和个体内在的行为倾向。[①] 作为卓越教师，其人格呈现出完整性、稳定性、可塑性以及独特性的特征。

（一）教师人格的完整性

卓越教师的人格是完整的，他们既是同行的学习榜样，也是学生学习的榜样。在卓越教师身上，真善美三者有机地融合到一起，这也是教师完整人格的重要体现。在现代社会，人们追求真善美的欲望愈加强烈，但要真正达到真善美的和谐统一并非易事，需要教师从诸多方面约束自己、提升自己。而卓越教师在教学实践中，不断地以高标准约束自己，并不断地学习和反思，不断地提升自我，从而逐渐达到真善美的融合统一，并使人格不断趋于完整。

（二）教师人格的稳定性

卓越教师的人格是稳定的，主要表现在两个方面。一是人格跨时间的持续性。人格趋于稳定的一个重要标志便是随着时间的推移，人格的变化较小，这便是人格跨时间的持续性。需要注意的是，此处的稳定性是相对而言的，人格并非是一成不变的，而是其变化很小，基本呈现出持续性的特点。二是人格跨情境的一致性。即在不同的情境中，人格的表现是相同的。比如，在日常的生活中，教师表现出一种人格，当发生突发事件时，教师仍旧会表现出这种人格，这便是人格跨情境的一致性。

（三）教师人格的可塑性

卓越教师人格在保持相对稳定的同时，也呈现出可塑性的特征。二者看似矛盾，却相互统一。在前面对教师人格稳定性的阐述中，笔者也强调了人格稳定性的相对性，即这种稳定不是一成不变的，而且在教师发展过程中，教师的主观意识也能够促进教师人格的变化。比如，当教师发现自己原有人格中存在不合理、不合适的成分时，便可以通过学习和人格修炼，去完善自己的人格，从而更加满足教育的需要。

---

① 张金桥.华文教育心理学[M].广州：暨南大学出版社，2017：134.

（四）教师人格的独特性

在前文，笔者曾多次强调学生之间存在的差异性，其实，教师之间同样存在着差异性。这种差异性导致了教师人格的独特性。在人际交往中，尤其与同事的交往中，为了更好地融入群体，人们通常会有意弱化自己的特性，这样做无可厚非，但我们不能完全抹杀自己的个性，因为优秀的人格就是要呈现出自己的特性。要实现学生的差异化发展，教师首先就要做到差异化发展，凸显自己人格的独特性。其实，站在教育事业发展的宏观视角上，教师的发展也应该是多元的，只有这样才会产生更多的可能，也才能在百家争鸣中推动教育事业的发展。

三、适应能力

适应能力是指个体在环境变化过程中改变自己，使自己适应环境变化的一种能力，它是个体心理素质的重要组成部分，也是个体生存与发展不可或缺的心理素质之一。对卓越教师而言，其适应能力主要体现在自我定向适应与社会定向适应两个方面。

（一）自我定向适应

教师的自我定向适应是指教师在对自己内在心理过程的控制、理解和调适等适应过程中所表现出来的行为倾向，包括生理适应、生活适应和职业适应三个方面。

1. 生理适应

在生活与工作中，教师难免会因为生理上的变化引起心理上的不适，而生理适应就是指教师能够适应生理上的变化，并能够有效调节自己的心理与行为。

2. 生活适应

我们处在一个变化的社会中，生活每天或多或少地发生着变化，生活适应就是指教师能够适应不断变化着的生活，包括生活中一些突发性的事件。与此同时，教师应保持一种健康的生活习惯与积极的生活态度，这同样有助于提高教师对生活的适应性。

3. 职业适应

随着社会的发展，我国教育事业也在不断发展，教师应适应教育事业发展对教师提出的要求，结合自己的能力、性格、兴趣等提高自己的职业素养和教学能力，从而成为适应新时代的合格的教师。

（二）社会定向适应

教师的社会定向适应是指教师在对外在环境的应对和防御等适应过程中所表现出的行为倾向，包括社会环境适应、人际环境适应和应激情境适应三个方面。

1.社会环境适应

社会环境的构成是复杂的，包括物理社会环境、生物社会环境和心理社会环境，处在变化的社会环境中，教师应对社会环境现状以及社会发展趋势有一个比较清晰的认知，并能够以积极的心态和积极的行为保持与社会的协调一致性，从而适应社会环境的变化。

2.人际环境适应

在前文笔者对教师角色的分析中曾指出，在不同的社会环境中，教师扮演着不同的角色（如教师、子女、同事、父母等），而在不同的角色中，教师都需要处理好人际关系，如师生关系、同事关系、家人关系等，从而适应不同的人际环境。

3.应激情境适应

在日常的生活与工作中，教师难免会遇到突发性的事件，尤其不可避免地会遇到挫折与失败。应激适应就是指教师在遇到上述情境变化时能够采取的归因分析、行为反应和自我调节方式，从而能够快速适应生活或工作中的情境变化。

第四章　国外卓越教师培养分析与启示

第一节　美国卓越教师培养分析

一、美国卓越教师培养提出的背景

教师是影响教育质量的关键因素之一，只有培养出优秀的教师，才能进一步促进教育的发展。基于这一认识，卡内基小组在1986年发表了一篇名为《国家为培养21世纪的教师做准备》的报告，该报告指出了美国教育的不足之处，并提出应解决美国教师教育存在的问题。1987年，美国联邦政府成立了国家专业教学标准委员会（NBPTS），并提出了卓越教师专业教学标准，这成为美国专业教师的重要标志。

美国国家专业教学标准委员会是美国的一个国家级教师资格证书机构，其指定的卓越教师标准也是美国第一个卓越教师标准与认证体系。自成立以后，该机构不断针对教师教育进行研究，机构中的每一个人都可以向机构提出意见，同时由大众进行评论和批评，然后不断做出修正和完善，最后确定标准条款，其具体流程如图4-1所示。

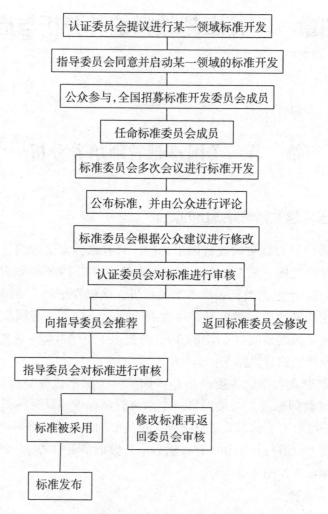

图 4-1　美国卓越教师专业教学标准制定流程图

二、美国卓越教师专业教学标准的内容

美国国家专业教学标准委员会提出的卓越教师专业教学标准回答了"教师应该知道什么和应该能做到什么"这一根本性问题，同时也为"优秀教学实践"确立了其愿景。具体而言，美国卓越教师专业教学标准包含五条核心内

容。①

核心标准 1：教师应该致力于学生的发展和学习

（1）致力于让所有的学生都能够获得知识，他们相信所有学生都有学习能力。

（2）平等对待每一位学生，认识到每一位学生的个体差异，并在教学实践中考虑到这种差异。

（3）了解学生的发展和学习。

（4）尊重学生的文化差异和不同的家庭背景。

（5）关注学生的自我意识，了解他们的动机以及同伴关系对学习的影响。

（6）关注学生性格以及公民责任感的发展。

核心标准 2：教师知道所教学科领域的知识以及该学科的教学方法

（1）熟练掌握本学科的知识，深刻了解本学科的历史、结构，并知道如何将本学科知识应用于现实生活中。

（2）具有教授本学科的技能和经验，非常熟悉学生对于本学科的技能差距以及事先形成的观点及偏见。

（3）能够运用各种不同的教学策略来教学。

核心标准 3：教师负责管理和监测学生的学习

（1）能够进行有效教学，掌握一系列教学技巧，并知道如何恰当运用这些技巧来激发学生的学习动机、保持学生的注意力，使学生积极投入学习中来。

（2）知道如何营造和保持教学环境，以便吸引和维持学生的学习兴趣；知道如何组织教学来达到教学目标。

（3）知道如何对个体学生和全班学生的进步进行评价。

（4）能够使用多种方法来评价学生的成长和对知识的理解，并且能向学生家长清楚地解释学生的表现情况。

核心标准 4：教师能够对自己的教学实践进行系统思考，并从经验中学习

（1）受过良好教育的典范，喜欢学习、善于质疑、具有创造力、乐于尝试新事物。

（2）熟悉学习理论和教学策略，了解美国教育界的最新动向。

---

① 陈德云．美国优秀教师专业教学标准及其认证：开发、实施及影响[D].上海：华东师范大学，2011.

（3）能够对自己的教学实践进行批判性反思，以加深知识，拓展教学技能，并将新的发现应用于教学实践。

核心标准 5：教师是学习共同体的成员

（1）能够与他人一起促进学生学习。

（2）知道如何寻求和建立与社区等的伙伴关系。

（3）能够与其他专业人员一起参与教育政策制定、课程开发、专业发展等工作。

（4）能够评价学校的进步和资源的分配，以达到州或者地方的教育目标。

（5）知道如何与家长合作，使他们有效地参与到学校工作中来。

三、美国卓越教师培养具体措施

针对美国教师教育存在的问题，美国分别从内部改革和外部支持两个方面着手，探索了卓越教师培养的具体措施。

（一）美国卓越教师培养的内部改革措施

1. 职前教育改革

美国的师范教育一般由师范大学、综合性大学与文理学院负责，无论什么性质的学院，其开设的师范类课程必须得到相关部门的认证，且课程设置要基本符合美国师范教育认可委员会的认可。美国师范专业的课程通常包括普通教育课程、教育科学课程和学科科学课程三类，不同的学校，其三类课程的比重也有所差异。就美国师范教育的整体情况而言，很多学校都存在着理论与实践脱节的现象，这导致很多毕业后的学生在走上工作岗位后不能快速适应。因此，美国政府、美国学界以及美国社会各界都开始关注教师职前教育的改革，增加了实践教育的比例，并为理论与实践相结合提供了专门的场所，形成了新的教师培养模式。

2. 入职教师教育改革

在教师发展的整个历程中，入职阶段是一个非常关键的时期，作为从学生到教师的过渡阶段，其对教师今后的发展会产生很大的影响。为了帮助学生更好地完成从学生到教师的过渡，美国针对教师的入职培训做了改革，主要包括四个方面：

第一，开设定向课程。定向课程主要包括学校政策、教学程序、课程安排、学生特点等内容，目的在于帮助新入职的教师迅速了解并适应新的环境。

第二，提供必要的帮助。通常由经验丰富的老教师为新入职教师提供帮助，对于有疑问的地方，新教师可以向老教师请教，老教师也会不定期参与新入职教师的课程，并给他们提出一些建议。

第三，开设训练课程。针对新入职教师不断变化的需求，为他们提供相应的训练课程，从而更具针对性地提升他们的能力。

第四，构建评价体系。构建完整的评价体系，针对新入职教师的表现进行综合性的评价，然后结合评价结果制订更具针对性的培养计划。

3. 在职教师教育改革

在职教师教育能够提高在职阶段教师的专业化程度，所以美国各州针对在职教师教育提出了改革措施，旨在使在职教师的教育更加规范化。具体而言，主要包括以下两个方面：

第一，校内培训。学校在校内开设一些培训课程，组织教师参与，学习前沿教育理论与内容。另外，由校内教师组织成研讨小组，定期进行交流，彼此分享教学理念和教学经验，实现教师的互帮互助。

第二，校外培训。学校在政策上鼓励和支持教师到校外进修，如攻读研究生、博士课程，这样有助于深化教师的专业知识和教学技能，提高教师的专业化程度。

4. 健全教师资格证认证制度

教师资格证是对教师教育资格的认证，美国专业教学标准委员会自1987年成立之后，便建立了教师资格证证书制度，该制度的建立提高了教师的准入门槛。随着教育事业的发展，对教师的要求越来越高，教师资格证的认证标准也在与时俱进，不断地进行修改和健全，初步保证了取得教师资格证的教师能够满足当前时代教育的需求。

（二）美国卓越教师培养的外部支持措施

1. 提高教师福利待遇

提高教师福利待遇能够直接影响教师从教的积极性，同时提高教师职业对人才的吸引力。基于这一认识，美国很多州建立了卓越教师奖励制度，包括奖金奖励、年假奖励、退休金奖励等。比如，有些州建立了优秀教师基金，用于鼓励认真对待教学工作的教师，并为教师的继续深造提供资金支持。各州推行的经济上的支持举措对于促进卓越教师的培养起到了非常积极的作用。

2. 改善教师工作环境

工作环境是影响教师发展的另一个客观因素，通过为教师营造良好的工作环境，可以促进卓越教师的培养。教师的工作环境包括物理环境与心理环境。物理环境指周围的设施、建筑物等物质系统，对教师的影响是直观的，为了使更多学校的物理环境得到改善，各州给予了学校更多的自主权，允许学校结合本校情况重新设计学校环境。心理环境是指与个体有关的所有心理上的环境因素。比如，学校给予教师的自主权、同事之间的关系都会对教师的心理环境造成影响。因此，美国各州积极鼓励学校给予教师更多的专业自主权，由自上而下的管理方式转变为自下而上的管理方式；与此同时，各校鼓励教师之间相互合作和共同发展，促进了教师之间关系的和谐。

总之，美国针对卓越教师培养的措施是全方位的，既有外部的改革措施，也有内部的支持举措，虽然我国与美国的国情不同，但美国卓越教师培养的举措对于我国仍然具有一定的借鉴意义。

第二节　英国卓越教师培养分析

一、英国卓越教师培养提出的背景

为保留国内优秀的教师资源，英国教育部在 1998 年设置了高级技能教师岗位，同时提出了优秀教师培养的相关计划。2004 年，英国政府提出了"教育五年计划"，该计划将高级技能教师的培养作为教师教育的一个重心，并先后出台了一系列以卓越教师为取向的教育政策，其中"卓越教师计划"被列为项目的最高层次。自此，英国正式开始了卓越教师培养的征程。

2010 年，为了完善卓越教师培养体系，英国设定了"培养下一代卓越教师"的总体理念与目标，将卓越教师的培养范围扩大到职前阶段。2011 年 6月，英国教育部颁布了《培养我们下一代卓越教师征询意见稿》，鼓励社会各界针对职前教师教育提出建设性的意见，在对各界意见进行整理之后，于同年11 月陆续发布了《培养我们下一代卓越教师反馈报告》《培养我们下一代卓越教师实施计划》等文件，上述文件针对职前教师教育改革提出了明确的要求。"培养下一代卓越教师"的相关文件的出台促进了英国卓越教师培养体系的进一步完善，也意味着英国卓越教师培养计划步入了新的里程。

二、英国卓越教师培养的主要内容

（一）英国卓越教师计划具体内容

英国卓越教师计划包括培养目标、参与资格、基本环节、评价方式等内容，具体参见表4-1。

表4-1　英国卓越教师计划的具体内容[①]

项　目	具体内容
培养目标	1. 使教师在教学的每一个环节都能有卓越的表现 2. 为参与培训的教师提供一个相互学习的平台 3. 接受培训的教师要证明自己具备更大的专业发展空间 4. 教师要以积极的态度正视教学质量 5. 提高受训教师的教学和辅导能力，使他们可以帮助其他教师提高教学能力
参与资格	1. 至少拥有三年的教学经验 2. 能够证明在过去的两年里持续、高质量地致力于教学和学习 3. 从学生对教学质量的评估与反馈中，能够体现教师高水平的教学，并显现出不断进步的态势 4. 定期参加提高专业技能的培训，具有有效管理学生和评价教学的能力，有提高自身专业技能的意愿 5. 具备高度的职业热情，良好的人际交往与沟通能力
基本环节	1. 通过课堂教学分析卓越教学和学习的特征，确认自己的学习和努力目标，拟订学习计划 2. 学习知识、技能，熟悉教学辅导过程 3. 交流分享各自学校的实践经验 4. 每所学校展示一堂优质课 5. 与卓越教师、高技能教师交流，更好地反思教学理念和实践，改进教学
评价方式	1. 对"卓越教师计划"本身的评价：采用调查问卷和口头谈话等形式对该计划整体的质量进行评价 2. 对受训教师的评价：通过长期跟踪调查来完成，包括教师自身的评价、学生和家长对教师的评价、学校同事和领导对教师的评价

（二）英国卓越教师专业标准

英国卓越教师专业标准是由英国学校培训与发展司提出并制定的，包括3个维度和16个项目，具体内容见表4-2。

[①] 马毅飞.国际教师教育改革的卓越取向 — 以英、美、德、澳卓越教师培养计划为例 [J].世界教育信息，2014，27(8)：29-33.

表4-2 英国卓越教师专业标准①

序 号	维 度	项 目	描述示例
1	职业素质	与学生的关系	了解青少年儿童的高期望，包括保证他们可以发挥其所有教育潜能的承诺，以及与他们建立公正的、尊重的、信任的、支持的和建设性的关系
2		规章制度	在制定工作政策和实践时，在提升集体责任感以促进政策执行时，愿意扮演战略性领导角色
3		沟通与合作	（a）有效地与儿童、青年、同事沟通交流 （b）有效地与家长、监护人进行沟通，关于学生的学习成绩、学习目标、学习进步程度和幸福感方面的信息能够与家长、监护人进行及时交流； （c）能够认可沟通是双方互动的过程，鼓励监护人和家长积极参与关于学生发展、成绩进步和幸福感等问题的讨论
4		个人职业发展	研究和评价课程改革实践，总结研究成果，收集其他资料，报告自己及同事的科研教学成果
5	职业知识和理解力	教与学	掌握一些非常有效的教学及行为管理策略，指导个性不同的学生选择个性化的学习方法，帮助每个人最大限度地发挥自己的学习潜能
6		评价与监督	知道如何提高工作中评价实践的效率，比如对全校师生的评价数据进行统计分析
7		科目和课程	在专业领域内，拥有一个比较广泛的人际网络，通过该网络，可以扩展自己的知识面，增加知识深度，加深理解力
8		语文、算数和信息通信技术	知道如何运用语文、算术和信息技术支持自己的教学和其他职业活动
9		学习成就差异	对教学中的平等、包容和多样性有更深刻的理解、更丰富的知识，以及更多的实现方法、策略
10		健康和幸福感	积累丰富的知识经验，可以对青少年儿童的健康成长给予指导

---

① 王颖华.卓越教师专业标准的国际比较及其启示 [J].西北师大学报（社会科学版），2014，51(4)：92-99.

续表

序　号	维　度	项　目	描述示例
11	专业技能	计划	在制订团队工作计划时，能发挥组织协调作用，提高团队工作效能。区分、探索工作计划涉及的各科目内及科目之间的联系
12		教学	示范优秀和创新性教学实践
13		评价、监督和反馈	就学生的成绩、进步及其他方面，给学生、同事、家长和监护人提供及时、准确和建设性反馈的能力非常强
14		教学总结	利用当地及国家的统计数据和其他信息，做到 （a）确定评价学生进步和成绩的比较基线 （b）用统计数据判断教学效能 （c）以统计数据作为改进教与学的依据
15		学习环境	（a）在遵守各项法律法规、国家政策和指导意见的前提下，给学生营造一个建设性的、安全的学习环境，保证他们的健康与幸福，使其能够全身心地投入到学习中去 （b）会运用当地关于保护青少年儿童的各项措施 （c）创造和利用各种校外机会，充分发挥每一位学生的特长，扩展其视野，尽可能地把校外学习和校内学习联系起来
16		合作精神	（a）扮演好领导角色，在制订学校改革的相关计划的时候，充分发挥领导作用 （b）使用良好的分析技术、具备人际和组织技能，带领团队或领导队伍高效工作

三、英国卓越教师培养的着力点

（一）注重教师教育改革的整体化

为推动卓越教师培养计划的实施，英国不仅注重职前教师教育的改革，还注重对在职教师教育的改革，并且为了使师范毕业生更好地完成从学生到教师的过渡，英国还采取了一系列的措施实现了教师教育改革的整体化。例如，针对刚入职的教师，英国实施了"入职简介"制，同时为了帮助教师克服入职第二年和第三年容易出现的职业不适，还实施了鼓励早期专业化发展的资助计划。上述措施更好地帮助毕业生完成了从学生向教师的过渡，为他们后续的专业化发展奠定了坚实的基础。

（二）制定严格的筛选标准

在卓越教师培养计划中，用于培养教师的资源是有限的，为了使有限的资源发挥最大的价值，英国制订了严格的筛选计划。针对师范毕业生，会筛选那些最有可能留在教师岗位上的人，然后投入较多的资源对他们进行培训。针对在职教师，筛选的标准主要体现在教学水平、教学经验、专业发展能力、职业意愿等方面。以教学经验为例，要求教师至少有三年以上的教学经验，并且至少有连续两年的高质量教学行为。

以 Alban 联合会为例，他们对培训学员（申请参与卓越教师培训的人员）的筛选通常有三个阶段：初步筛选、联合面试和深入考察，流程如图 4-2 所示。

> 初步筛选：主要对培训学员的学位成绩和学校经验进行评价，做出初步的筛选。

> 联合面试：由专业小组对学员进行联合面试，了解学员各方面的素养。

> 深入考察：通常采取听评课的方式对学员进行深入考察，进一步了解学员各方面的素养。

图 4-2　卓越教师培养筛选流程

（三）加强教师专业化发展的扶持

教师专业化发展是一个较为漫长的过程，也需要较多的资金投入，为了鼓励和支持学校卓越教师培养计划的落实，英国针对教师的专业化发展提供了大量的资金支持。另外，为了提高教师工作的积极性，鼓励教师朝着卓越化的方向发展，英国采取了一系列的激励措施，如"业绩管理""最佳实践研究奖励金"计划、"在职训练课程奖励""国家教学奖"，并取得了很好的成效。

（四）构建完善的评价系统

评价系统在卓越教师培养中发挥着重要的作用，一方面可以起到督导的作用，另一方面可以起到反馈的作用。英国从内部评估与外部评价两个方面着手，构建了完善的教师培养评价系统。内部评估是校内管理者对教师的评估，学校管理者与教师的接触较多，对教师的情况也比较了解，他们提供的评价内容具有非常大的参考价值。外部评估则是指官方机构的评估，它们会不定期地对教师情况进行考察，同时结合教师与教师学校提供的资料对教师进行评估，官方机构对教师的情况虽然不是十分了解，但通过对资料的分析以及不定期的考察也能够得出较为客观的结论。需要注意的是，上述两个评估主体并不是相互割裂的，它们需要相互合作，才能对教师做出最客观、最全面的评价。

第三节　德国卓越教师培养分析

一、德国卓越教师培养的背景

在国际教育中，德国一直处于前沿位置，但 2000 年的一项国家学生评估项目显示，德国教育质量处于下滑的态势，这引起了德国政府的关注。为了改善教育质量，德国政府开始了关于教育的一系列改革，其中便包括"卓越教师教育改革"。"卓越教师教育改革"以培养卓越教师为中心，旨在改善德国教育存在的三个问题：

其一，虽然"全纳教育"的理念已经深入人心，但在教育实践中仍然存在个公平教育的问题，其中教师是一个重要的影响因素。卓越教师教育改革面向的群体是教师，目的是在培养卓越教师的基础上提升全体教师的素养，从而推动"全纳理念"的落实。

其二，教师作为人类灵魂的工程师，在社会中有着较高的声誉，但教师职业对人才的吸引力并不强。卓越教师教育改革就是要突出国家对教师的重视，以此来提高教师职业对社会人才的吸引力。

其三，联邦政府希望通过推动该项计划，加强教师教学理论与教学实践活动的紧密联系，培养教师的创新能力，鼓励教师采用与学生互动交流的方式进行授课，根据实际教授情况改变课程结构的设置，促进教师教育发展的多元化与包容性，进一步促进教师教育质量的提高，提升教师职业的吸引力，加强教师教育的高校地位，促进教师教育的现代化建设。[①]

---

① 孙朝勇.德国卓越教师计划发展动向研究 [J].中国成人教育，2016(24)：119-121.

二、德国卓越教师计划的内容

（一）德国卓越教师培养的基本体系

构建完整的卓越教师培养体系是落实卓越教师培养计划的关键。通过解析教师发展的阶段，德国将卓越教师培养分别落实在职前培养、实习训练和职后培养三个阶段，这三个阶段共同构成了德国卓越教师培养的基本体系，如图4-3所示。

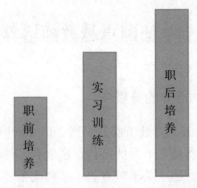

图4-3　德国卓越教师培养的基本体系

（二）德国卓越教师培养的师范教师教育标准

卓越教师培养分为职前培养和职后培养，职前培养（师范教育阶段）属于统一的规范性教育，因此德国针对师范教育提出了明确的标准，该标准分为4个核心领域和11种能力，每一种能力又细化为若干个行为指标，具体内容见表4-3。

表4-3 德国师范教育标准①

核心领域	能 力	具体内容
第一能力领域：教学	能力1：教师按照学科专业及实际情况的要求设计课程，并正确地加以实施	（1）了解相关的教育理论，理解教育理论方面的目的以及由此推导出的标准，并批判性地对此加以反思 （2）熟悉普通教学法和学科教学法，知道在设计课程时要注意些什么 （3）了解不同的授课方法和作业形式，并且知道如何根据具体的要求和情境恰当地加以应用 （4）掌握媒体教育学与媒体心理学的知识，了解根据具体的要求和情境在课程中恰当地应用媒体的可能性和局限性 （5）熟悉评价教学效果与课程质量的程序
	能力2：让学生有能力建立知识间的联系以及应用所学的知识	（1）熟悉学习理论以及学习的形式 （2）知道如何让学习者积极地参与课堂教学，支持他们对知识的理解和迁移 （3）熟悉学习动机与成就动机理论并知道如何在教学中应用这些理论
	能力3：教师帮助学生发展自主学习的能力	（1）了解能够积极影响学习成就和工作结果的学习动机和自我激励策略 （2）了解促进自主、自觉以及合作式学习和工作的方法 （3）知道如何在课程中发展终身学习的兴趣
第二能力领域：教化	能力4：了解学生的社会生活和文化生活，并在校园生活中引导学生的个体发展	（1）了解儿童与青少年的发展过程和社会化的教育学、社会学以及心理学理论 （2）总结学生在学习过程中可能遇到的阻碍和问题，并能够对学生提供帮助 （3）了解教育与教化过程中性别特征所产生的影响及意义
	能力5：帮助学生养成良好的行为规范，并引导学生对自身行为进行反思	（1）帮助学生养成良好的行为规范，形成准则 （2）用正确方式引导学生对自身行为加以反思并改进 （3）知道如何在学生的个人危机和情境选择中提供帮助
	能力6：能够发现解决学校和课堂教学困难的方法	（1）掌握有关交流与互动的知识（尤其是师生互动） （2）了解交流的规则和与学校、家长之间相互交往的基本原则 （3）了解儿童和青少年阶段存在的危机以及预防和干预措施 （4）善于发现冲突、分析冲突并且能够找到解决冲突以及应对暴力行为的有效方法

---

① 孙进.德国教师教育标准：背景·内容·特征[J].比较教育研究，2012，34(8)：30-36.

核心领域	能 力	具体内容
第三能力领域：评价	能力7：能够诊断学生的学习前提和学习过程，有针对性地促进学生的学习	（1）知道不同的学习前提会如何影响教学活动，并知道如何在教学中照顾到这种情况 （2）了解高天赋和特殊天赋以及学习与工作障碍的各种表现形式 （3）熟悉诊断教学过程的基础 （4）了解为学生及其父母提供咨询的原则和方法
	能力8：根据透明的评价标准评价学生的成绩	（1）了解成绩评价的不同形式及其功能和优缺点 （2）了解成绩评价的不同参照体系，并能对其进行比较权衡 （3）了解对成绩评价进行回馈的原则
第四能力领域：创新	能力9：对于教师职业的特殊要求有清醒的认识	（1）了解教育体制的基础、结构以及作为组织的学校 （2）了解其活动的法律框架（例如基本法，学校法等） （3）反思自己有关教师职业的价值观和态度 （4）知道有关负担和压力研究的主要结果
	能力10：视其职业为持续性的学习任务	（1）了解自我评估和外部评估的方法 （2）阅读和评判教育研究的结果 （3）熟悉学校中的组织条件和合作结构
	能力11：参与规划和实施学校项目和计划	（1）了解并反思不同类型的学校和教育途径各自特定的教育任务 （2）熟悉学校发展的目标和方法 （3）知道成功进行合作的条件

注：上表能力要求是针对师范教育毕业生制定的标准

三、德国卓越教师培养的实施路径

前文指出了德国卓越教师培养的基本体系，包括职前培养、实习训练和职后培养三个阶段，在具体的实施中，也主要围绕这三个阶段展开。

（一）职前培养教育改革

职前培养指师范教育的阶段，这是卓越教师培养的基础阶段，良好的师范教育可以为教师后续的专业化发展奠定坚实的基础。针对职前教育，德国从以下两个方面做出了改革。

1.设置模块化课程

针对师范教育的课程，德国实行了模块化课程改革。课程内容和目标主要涉及学科知识、教育学知识、学科教学法、跨学科知识以及教育教学实践等方面；在课程理念上，知识和能力协同发展尤为重要，学生活动的重要地位突出；课程层级结构包括元模块、中观模块和微观模块三个层次。此外，每个模块又被分为基础必修模块、重点必修模块、重点选修模块、非重点选修模块。在每个模块的学习结束之后，学生都需要参与评定考试，然后依据考试的结果，教师给出相应的学分。

2.兼顾学术性与师范性

一个优秀的教师不仅要在专业知识上过关，还要在教学能力上过关。为了同时提高师范毕业生的学术性与师范性，德国各高校在课程比重上进行了改革，即增加了教育科学课程、学科教学法课程、实践课程的比重。与传统课程过于重视学术性的课程设置相比，改革后的课程明显增加了师范性，对于提高学生的教学素养起到了积极的作用。

（二）实习训练改革

1.改革实习训练方式

德国传统的师范生实习训练和理论课程脱节比较严重，为了解决这一问题，德国对师范生实习方式进行了改革，将师范生的实习分成了三个阶段：适应实习、学期实习和定向实习。前两个阶段与学生的理论课程结合比较紧密，主要在学生学习期间进行，最后一个阶段的实习在毕业前，进行较长一段时间的定向实习。通过三阶段的实习，不仅更好地整合了学生的理论学习与实习课程，同时也更好地帮助毕业生实现了从学生到教师的过渡，为他们从教后的专业化发展奠定了基础。

2.增加国外交流实习项目

为了开阔学生的视野，让学生深入了解更多前沿的教育理论，德国很多高校增设了国外实习交流项目，如伊拉斯谟加项目、直接交流项目、教育交换服务项目、德国学术交流中心项目等。卓越教师的一个素养就是要具备开阔的视野，实习期间的国外交流项目不仅可以提前开阔学生的视野，还可以为学生提供一个更高的平台，让学生看得更远，激励学生朝着更远的方向去努力。

（三）职后培养教育改革

职后培养教育是指教师从教后的教育，德国将职后培养教育进一步细化，分成了入职教育与在职进修两个阶段。

1.入职教育

虽然在高校学习期间学生已经进行了实习训练，但面对从教后出现的环境变化与人际关系变化，很多入职教师仍旧会产生一定程度的不适感，进而影响教学。为了降低学生的不适感，让学生入职后更快适应学校教学环境，德国很多学校都会对教师进行入职教育，教育时间 1–3 年不等，主要针对教师的教学能力、教育能力、合作协调能力以及道德素养进行教育。

2.在职进修

虽然经过多年的教学实践后，教师各方面的素养会得到明显提升，但时代对教师的要求也在不断提高，很多教师距离卓越教师仍存在一定的差距。因此，一方面为了使更多的教师成为卓越教师，另一方面为了使卓越教师能力体系更加完善，德国很多学校都鼓励教师参与继续教育，同时为教师提供进修的机会，这对促进在职教师的进一步发展具有非常积极的意义。

第四节　国外卓越教师培养启示

纵观国外卓越教师培养的经验，其中不乏先进的经验，虽然上述国家的国情与我国的国情存在较大的差异，但在很多方面仍具有参考和借鉴的价值。

一、以教师专业标准指导卓越教师培养

教师专业标准能有效指导卓越教师的培养，所以在各国卓越教师培养计划中，都制定了相应的卓越教师标准。在我国，关于卓越教师虽然没有明确的标准，但也制定了教师专业标准。以中学教师为例，我国教育部在 2012 年印发了《中学教师专业标准（试行）》（以下简称《标准》)，《标准》是国家对合格中学教师的基本专业要求，是中学教师实施教育教学行为的基本规范，是引领中学教师专业发展的基本准则，也是中学教师培养、准入、培训、考核等工作的重要依据。《标准》从十四个领域对教师的素养做出要求：

（1）职业理解与认识；

（2）对学生的态度与行为；

（3）教育教学的态度与行为；

（4）个人修养与行为；

（5）教育知识；

（6）学科知识；

（7）学科教学知识；

（8）通识性知识；

（9）教学设计；

（10）教学实施；

（11）班级管理与教育活动；

（12）教育教学评价；

（13）沟通与合作；

（14）反思与发展。

《标准》更多的是从基本层面指出教师应具备的素养，对于卓越教师而言，显然具有更高的要求。当然，《标准》涵盖的教师素养领域非常全面，所以在《标准》的基础上构建更符合卓越教师要求的标准，从而更好地指导卓越教师培养计划的落实。此外，社会的发展对教师教育素养的要求也在不断发展变化，卓越教师专业标准的制定应结合时代发展需求不断更新和完善。

在制定卓越教师专业标准时，应秉承多元主体的原则，即邀请各学科领域的专家、教师以及学者组成专业团队，共同研讨制定，以此来保证标准的专业性、科学性和规范性。针对同一类型的人员，也应该从不同的维度去选择，比如在选择教师时，除了选择经验丰富的教师之外，还应该选取一些青年教师（为了确保教师团队的专业性，青年教师的比例应该较小）。这样，多元化的人员组成可以从不同的维度提出更加多元化的建议，有助于进行全面布局，并制定出更加科学的卓越教师专业标准。

二、构建完善的教师教育课程体系

针对师范阶段的教师教育课程，我国可以借鉴和参考其他国家课程设置中的优点，从而进一步完善我国师范阶段的教师教育课程体系。具体而言，有以下两点值得我们借鉴。

（一）以卓越教师为基准确定课程目标

课程目标是课程设置的先决条件，也是课程改革的方向所在，确定明确的课程目标，才能更好地指引教育工作者前进的方向。在以卓越教师培养为目标的课程体系中，首先要确定相应的课程目标。依据卓越教师应具备的素养，笔者认为课程目标的设置应从以下几点进行定位。

1.课程目标定位在师德型教师的培养

韩愈《师说》中指出，"师者，所以传道受业解惑也"，其中的"道""业""惑"所指代的内容是不同的，"道"指道理、真理，"业"指学业、知识，"惑"指疑惑。作为一名教师，传授知识是基础，但同时也要为学生讲授真理，解答疑惑，否则教师充其量只是"句读之师"，而非"人师"了。而要传授学生真理，教师首先自己要有道德信仰，正如陶行知先生所说："一举一动、一言一行，都要修养到不愧为人师表的地步。"① 从某种程度上来说，在教师的诸多素养中，师德是重要的部分，是作为卓越教师不可或缺的。因此，师德培养应成为教师教育课程目标首要的定位。

2.课程目标定位在引导型教师的培养

现代教育理念强调学生主体作用的发展，也重视学生综合素养的发展。传统教学模式中以教师为中心的理念过于强调教师的主体作用，忽视了学生学习的主观能动性，这样不仅不利于学生的学习，还不利于学生能力的发展。卓越教师应积极践行新的教育理念，在教学中注重发挥学生的主观能动性，引导学生去探索、去自主学习。因此，培养引导型教师也应成为教师教育课程目标的一个定位。

3.课程目标定位在反思型教师的培养

教师教育课程不能简单地定位在传授专业知识与教学技能上，还要培养师范生形成正确的学习态度，了解教育的本质与意义，并激发学生对教育进行深层次的思考。反思是教师对教育教学进行深层次理解并提升自我的重要途径，这是一种独特的思维模式，是卓越型教师必备的素养之一。教师在日常的教学中，除了教学之外，还应该对自己的教学行为时刻进行批判与反思，经常性地思考"什么是教育""什么是教学""为什么而教""怎样去教"等一系列的问题，从而在对这些问题进行理性思考的基础上找到有效的教学路径。因此，培养反思型教师无疑也是教师教育课程目标的一个定位。

4.课程目标定位在研究型教师的培养

教育研究是教师自我成长的一个有效途径，作为一名教师，不仅要是一名合格的教育者，还要是一名合格的研究者。很多人认为，研究是一个领域，但在笔者看来，就教师而言，研究更多的是一种态度，一种对教育孜孜不倦的态度，一种不故步自封，勇于突破和自我成长的态度。宁虹在《教师成为研究

---

① 李梦嘉.浅谈提升思想政治理论课亲和力的途径[J].长春理工大学学报（社会科学版），2019，32(S1)：141-144.

者的现象学意识》一文中提道："研究就是教师的最基本的教育信仰和工作态度，教师不需要撇下教案去做另一件与教学无关的事情，而是在教学世界中始终保持高度的敏锐和热情，探究所看到的一切，听到的一切，触碰到的一切，时刻提醒自己'是一名教学研究者'，将研究这件事完全融入自己的生活和工作。教师的教育教学活动将不再是简单的知识传递、经验传递，教师的工作被赋予了更高的价值和意义。"① 因此，培养研究型教师也是教师教育课程目标的一个定位。

（二）以卓越教师为基准确定课程内容与结构

1.设置丰富的课程内容

卓越教师应具备完善的能力体系，这是他们区别于普通教师的一个重要特征。当然，完备的能力体系并不是通过几年的教学便可以形成的，而是需要教师在较长时间内不断地自我学习和自我提升，才能逐渐形成完备的能力体系。但在学生学习期间，通过设置丰富的课程内容，可以全方位提升学生的综合素养，从而为学生从教后综合素养的提升奠定坚实的基础。此外，作为教师，他们需要每天面对学生，他们的行为举止会对学生产生很大的影响，这是教师职业特殊的一点，因此教师要学会用自己的言行举止去影响学生。一个人的言行举止是其内在素养的外在体现，很难伪装，即便可以伪装，也很难长久，反而会给人一种表里不一之感。丰富的课程内容，如人文课程、道德课程等，有助于教师内在素养的修炼，进而潜移默化地影响其言行举止。总之，师范院校应为学生开设丰富的课程内容，满足学生多元的知识需求，促进学生多元的发展。

2.设置合理的课程结构

课程结构设置在课程体系中占有非常重要的地位。我国目前的师范教育课程结构基本包括专业理论课程、教育技能课程和教育实践课程三个部分，组成了比较系统的课程结构。但在具体的课程设置中，还需要进一步完善。一方面，学校首先应做好充分的调研，分析学校当前的课程设置及不同课程所占的比例，然后结合本校教育特色以及时代发展需求设置更加合理的课程比例，并加强各课程之间的内在逻辑关系。另一方面，学校要设置好各门课程开设的时间顺序，尤其要注意实践课程的时间安排，确保理论课程和实践课程能够有机地结合到一起。在不改变总体课程量的基础上，通过合理的课程设置可以有

---

① 宁虹.教师成为研究者的现象学意识[J].教育研究，2003(11)：64-68.

效提升教学质量，各高校应结合本校实际对其课程结构进行更加合理和科学的优化。

三、构建完善的教师教育评估体系

评估体系是保证卓越教师培养计划有效落实的重要机制，从上文对各国卓越教师培养的论述中也可以发现，它们都非常重视评估体系的建设。对于我国而言，上述各国可供参考和借鉴的地方主要有两个方面：一是设置合理的质量评估标准，二是建立多方协同的质量评估机制。

（一）设置合理的教师教育质量评估标准

质量评估应有明确的标准，才能更有效地得到落实。针对教师教育（职前教育和在职教育），我们也都有明确的标准可循。就职前教育而言，教育部在 2021 年研究制定了《中学教育专业师范生教师职业能力标准（试行）》《小学教育专业师范生教师职业能力标准（试行）》《学前教育专业师范生教师职业能力标准（试行）》《中等职业教育专业师范生教师职业能力标准（试行）》《特殊教育专业师范生教师职业能力标准（试行）》五个文件，针对不同阶段的师范教育给出了明确的标准。下面笔者仅以中学阶段为例，概述其职业能力标准，具体见表4-4。

表4-4　中学教育专业师范生教师职业能力标准

阶　段	能力标准	具体内容
中学教育专业师范生	师德践行能力	（1）遵守师德规范：理想信念、立德树人、师德准则 （2）涵养教育情怀：职业认同、关爱学生、用心从教、自身修养
	教学实践能力	（1）掌握专业知识：教育基础、学科素养、信息素养、知识整合 （2）学会教学设计：熟悉课标、掌握技能、分析学情、设计教案 （3）实施课程教学：情境创设、教学组织、学习指导、教学评价
	综合育人能力	（1）开展班级指导：德育意识、班级管理、心理辅导、家校沟通 （2）实施课程育人：育人理念、育人实践 （3）组织活动育人：课外活动、主题教育
	自主发展能力	（1）注重专业成长：发展规划、反思改进、学会研究 （2）主动交流合作：沟通技能、共同学习

从表4-4可知，关于师范生教育，我国设置了明确的标准，可供各师范

院校作为参考，并结合各校实际情况设置更为具体的质量评估标准。但关于在职教师教育，目前还没有明确的标准，所以我们还需要针对在职教师教育设置更加合理的质量评估标准。

（二）建立多方协同的教师教育质量评估机制

为了确保评估的客观性，很多学校都建立了领导听课评价、同行评议与学生评价的多元评价方式，这种方式避免了评价的单一性，从多个角度对教师的教学进行了较为全面的评估，能够得到相对客观的评价结果。为了进一步完善评价体系，学校还可以借鉴国外的评估模式，引入第三方评价。虽然很多学校采取了领导听课评价、同行评议与学生评价的多元评价方式，但其实仍旧没有脱离学校这个"圈子"，这就导致评价结果不可避免地会受到一些主观因素的影响，而第三方评价机构和学校没有任何的联系，它们不会受主观情感的影响，评价结果也会更加客观。通过整合校内评价与第三方的评价，无疑会得到更加客观和全面的评估结果。

第五章　师范教育：卓越教师的职前培养

第一节　师范教育阐述

一、师范教育的性质

在研究某个事物时，我们总会先探索事物的性质，这是事物的质的规定性，是该事物区别于其他事物的根本属性，了解了事物的性质，也便把握了事物的属性，便可以去探索事物的根本。世界上的事物数不胜数，每一件事物也都有其独特的性质，这也使得不同的事物呈现出不同的姿态，进而构成了我们这个多彩的世界。师范教育是教育体系中的组成部分，与其他教育相比，虽然同属于教育的大范畴，但却存在本质上的区别。了解师范教育的性质，并全面了解师范教育的内在需求，无疑是做好师范教育的根本前提。

通过剖析师范教育与其他教育的不同，不难发现，师范教育的性质主要体现在师范性上，这也是师范教育的根本任务。除师范教育外，其他类型的教育可以培育出相关专业的学者，可以培育出从事某一行业的人才，但却不一定能培育出优秀的教师。而师范教育则恰恰落脚在优秀教师的培养上，更准确地说，师范教育培养的是准教师，是未来从事教育事业的人。虽然是准教师，但在未来从事教育工作时，他们不仅需要掌握专业的知识和专业的教学技能，即知道教什么、怎么教，还需要引导学生形成良好的个性品质与道德素养。此外，他们还需要掌握一定的心理学知识，了解学生的身心发展规律，并针对学生可能存在的心理问题对其进行疏导，从而确保学生身心的健康发展。由此可见，有意从事教师行业的学生需要具备综合性的素养，而这些素养并不是仅仅通过知识学习就可以具备的，还需要经过专业的学习与训练。

其实，关于师范教育师范性的问题，一直存在着不同的观点。有些学者认为，高等师范教育属于高等教育的范畴，其核心是高水平的学术，所以师范教育应该同其他类型的高等教育一样，要表现出很高的学术水平。不可否认，学术水平是高等教育的一个核心，但师范教育的任务是培养优秀的教师，而要成为一名合格的优秀教师，仅仅具备较高的学术水平是远远不够的，所以学术性只能是师范教育的特征之一，而不能成为全部。由此，我们引出了关于师范教育师范性的另一种说法，即师范教育不能只达到高、精、尖专业人才培养的单一要求，而是要结合教师职业的要求对学生进行培养。概括来说，师范教育不仅要让学生掌握专业理论知识和教学相关的技能，还要掌握引导学生品德、素养发展的方法，这是师范教育与其他教育本质上的不同。

进一步来说，其他类型的教育需要学生掌握专业的理论知识，并形成应用这些理论知识的能力，而在未来的工作中，学生掌握的知识的运用对象大多是客观的物质世界，而师范教育所培养出来的教师掌握的知识的运用对象是以人为主的主观世界。在面对客观物质世界时，专业知识是解决问题的关键手段；而面对主观世界时，专业知识虽然同样重要，但处理主观世界中复杂多变情况的能力也不可或缺。由此，可进一步说明师范教育与其他类型教育本质上的不同。

总而言之，师范性是师范教育的本质特征，这是办好师范教育的最根本的指导思想，如果忽视或削减了师范教育的师范性，无疑会影响师范教育目标的实现，进而影响教育事业的发展。

二、师范教育的特点

事物的不同性质决定了事物所表现出的不同特征，这便是事物的特点。就师范教育而言，针对其特点的叙述可从一般特点（即总的特点）与各层次师范教育的具体特点两个角度展开。

（一）师范教育的一般特点

师范教育的一般特点指各类师范教育共有的特点，通常包括师范性、实践性和双重标准性。

1.师范性

师范性是师范教育最本质的特点，从某种意义上来说，缺乏了师范性，便不能称得上是师范教育。关于师范性的论述，前面已有论述，不再赘述。

2.实践性

教学是一项实践性很强的教育活动，这要求教师不仅要掌握相应的理论知识，还要具备开展教学实践的技能。显然，教学实践技能的掌握不能通过理论知识的学习来实现，所以在师范教育的课程体系中，实践课程占有非常重要的地位，这也就赋予了师范教育实践性的特点。2016 年 3 月 17 日，《教育部关于加强师范生教育实践的意见》（以下简称《意见》）出台，《意见》强调，要明确教育实践的目标任务，构建全方位的教育实践内容体系，丰富创新教育实践的形式，组织开展规范化的教育实习，全面推行教育实践"双导师制"，完善多方参与的教育实践考核评价体系，协同建设长期稳定的教育实践基地，建立健全指导教师激励机制，切实保障教育实践经费投入。由此可见，未来的师范教育应进一步加强对实践课程的重视，并进一步凸显师范教育的实践性。

3. 双重标准性

师范教育的双重标准性体现在对学生专业知识以及教学技能两个方面的要求。要成为一位合格的教师，不仅要掌握所教学科的专业知识，还要掌握教学的专业技能，这也是师范教育对学生的要求。相比较而言，其他类型的教育通常只需要学生掌握所学专业的知识，并学会如何应用这些知识，并不需要将这些知识运用到对人的教育中，所以其标准要求往往并不是双重的，这也是师范教育与其他类型教育的一个主要区别。

（二）各层次师范教育的具体特点

如果依据教育层次对师范教育进行划分，可大致分为高等师范教育和中等师范教育两个层次，不同层次的师范教育又具有不同的特点。

1. 高等师范教育的特点

由前文针对师范教育性质的论述可知，师范性是师范教育最主要的特点，但就高等师范教育而言，作为高等教育的组成部分，学术性也是其不可或缺的一个重要特点。学术性是每一所高等学校都具备的特点之一，即高等学校要追求"高、深、专、新、尖"，这样才能促进学校的发展，进而促进高等教育的发展。因此，高等师范教育的课程设置要体现出知识的专业性，要让学生获得比较高深的专业知识，以便突出高等师范院校"高"的一面。由此可见，作为较高层次的师范教育，高等师范教育在以师范性为核心的基础上，同时还兼具学术性，这是其与中等师范教育的一个主要区别。

2. 中等师范教育的特点

作为师范教育的组成部分，中等师范教育的核心特点同样是师范性，但与高等师范教育不同，由于中等师范教育的目的一般是培养幼儿园教师和小学教师，因此在知识内容上并不具备"高"的特点，而是要以基础为主。另外，就教育阶段而言，中等师范教育与高中属于一个阶段，所以在传授知识方面同样是以基础为主。因此，这就决定了中等师范教育在以师范性为核心的基础上，同时还要兼具基础性的特点。当然，也有学者从中等师范教育的地域性出发，认为中等师范教育具有地方性的特点。比如，刘问岫在《当代中国师范教育》一书中指出："小学和幼儿教育的地方性特点决定了为它们服务的中等师范教育的地方性。因此，地方教育行政部门要把办好中等师范教育置于自己教育管理工作的首位。根据幼儿教育和小学教育师资的需求，制定切实的中等师范教育发展规划，努力建设好初等教育师资的培训基地，自力更生培养师资，实现幼儿和小学师资的地方化，以促进幼儿教育的发展和小学教育的普及。"①

三、师范教育的作用

师范教育作为整个教育体系的重要组成部分，在促进教育事业发展中发挥着重要的作用。此外，站在更宏观的视角上，师范教育在促进社会的发展上也起到了非常积极的作用，如图 5-1 所示。

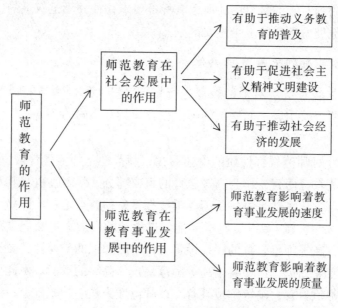

图 5-1　师范教育的作用

① 　刘问岫.当代中国师范教育 [M].北京：教育科学出版社，1993：155.

（一）师范教育在社会发展中的作用

1.师范教育有助于推动义务教育的普及

义务教育是根据国家法律规定对适龄儿童实施一定年限的、普及的、强迫的、免费的学校教育。在现代社会，知识是一个人发展的重要支撑，也是国家发展的重要基础，世界各国都在加大义务教育普及的力度。在普及义务教育的过程中，师资是一个根本性的问题，因为没有足够的师资力量，便难以扩大义务教育的范围，所以增加师资力量是普及义务教育的一个核心问题。师范教育的目的在于培养合格的教师，这也是各国目前培养教师的主要途径，所以应重视师范教育，进而通过师范教育的发展推动义务教育的普及。

我国一直非常重视师范教育以及教师队伍的建设，近年来教师数量在不断增加。教育部教师工作司司长任友群称，根据最新统计数据显示，全国教师总数已经达到1 792.97万人，比上年增加60.94万人，增长3.52%。其中，特教教师比上年增加6.11%，幼儿园教师增加5.44%，高校教师增加5.34%。同时，教育部推进教师资格认定和教师招聘工作，今年以来，共有191万人次通过认定获得教师资格证书，较去年全年增长28.7%。此外，"特岗计划"今年拟招聘特岗教师8.43万人，实施16年来已为中西部地区乡村学校补充特岗教师103万人。实施"三区"人才支持计划教师专项计划，会同财政部选派2.1万名教师到边远地区、民族地区和革命老区受援县支教；中小学"银龄讲学计划"自2018年实施以来，已招募近1万名退休校长教师到农村义务教育阶段学校讲学，今年继续面向社会招募4 500名退休校长教师。扩大实施高校银龄教师支援西部计划，2020年从61所部属高校选派银龄教师146名，今年继续选派退休教授、副教授到西部高校支教支研，支援高校扩大到75所部属高校和部分部省合建高校，受援高校扩大到10所，选派名额增至300余名。2021年7月，教育部等9部门联合推出中西部欠发达地区优秀教师定向培养计划，每年为832个脱贫县以及中西部陆地边境县，定向培养近万名本科层次师范生。"报考优师计划的考生十分踊跃，生源质量良好。85所培养院校26个专业，招录师范生9 530人。"任友群表示，下一步还将会同有关部门推出新时代强师计划。①

2.师范教育有助于促进社会主义精神文明建设

社会主义精神文明建设是我国当前国家建设的一项重要内容，主要包括

---

① 教育部：全国教师近1800万人，今年191万人次获教师资格证[EB/OL].（2021-09-08）[2021-09-12].https://www.bjnews.com.cn/detail/163107035614937.html.

思想道德建设和科学文化建设两个方面。思想道德建设要解决的是整个民族的精神支柱和精神动力问题；科学文化建设要解决的是整个民族的科学文化素质和现代化建设的智力支持问题。二者紧密联系，缺一不可。学生作为祖国未来建设的主力军，加强对学生的精神文明教育就显得至关重要。当前，随着教育改革的不断深入，我国的教育教学已经初步实现了从应试教育到素质教育的过渡，在教学中也能够重视学生道德素养的培育。当然，要进一步地落实素质教育，离不开教师这一关键性的主体，教师需要具备新的教育理念，并能够将其贯彻到教学之中，同时还需要自己起到一定的示范作用，从而在完成对学生进行科学知识教育的基础上，实现对学生道德素养的培育。可以想象，师范教育所培育的准教师，在未来走上工作岗位后，不仅自己会成为社会主义精神文明建设的一个主体，同时他们还会影响许多的学生，这对促进社会主义精神文明建设无疑能够起到积极的促进作用。

3. 师范教育有助于推动社会经济的发展

正所谓"百年大计，教育为本"，教育作为一个国家的根本，在很大程度上影响着国家经济的发展，因为教育能够培养出优秀的人才，而人才是推动国家经济发展不可或缺的因素。师范教育以培养教师为目的，是教育事业发展的根基，因为教师是教育事业发展的核心，只有培养出优秀的教师，才能进一步提高教育质量，进而培养出更多优秀的人才。由此可见，师范教育对社会经济的促进作用并不是直接的，而是通过影响教育间接影响人才的培养以及社会经济的发展，如图 5-2 所示。

图 5-2　师范教育对社会经济发展的间接影响

（二）师范教育在教育事业发展中的作用

1. 师范教育影响着教育事业发展的速度

师范教育的目的是培养合格的教师，而教师是教育事业发展的核心，所以师范教育直接影响着教育事业的发展。笔者在前文谈及义务教育普及时指出，义务教育的普及对教师数量有很大的要求，只有足够数量的教师，才能够支撑义务教育的快速普及。其实，经过多年的不懈努力，我国义务教育普及工作已经取得了巨大的进展。由国务院新闻办发布的《全面建成小康社会：中国人权事业发展的光辉篇章》白皮书可知，2020 年，全国九年义务教育巩固率为 95.2%，义务教育普及程度达到世界高收入国家的平均水平，残疾儿童义务教育入学率达 95% 以上。取得这一成果的背后是多方面的努力，其中通过师范教育培养了更多优秀的教师是一个不能忽视的重要方面。

2.师范教育影响着教育事业发展的质量

教育事业的发展不仅要追求速度，还要追求质量，因为只有高质量的教学，才能培养出更多优秀的人才。当然，速度和质量有时不能兼得，虽然我们常常力求速度与质量的双平衡，但很多时候不得不适当舍弃一方以追求另一方。同样以义务教育的普及为例，虽然我国目前义务教育的普及率很高，但我国各地义务教育的教学水平仍旧存在着发展不平衡的问题，其中师资力量不平衡就是一个比较突出的问题。造成这一现象的原因是复杂的，其中一个重要的原因是优秀教师的数量有限，而多数的优秀教师更愿意留在经济环境较好的地方任教。针对这一问题，就师范教育的角度而言，就是要提高师范教育的质量，培养出更多优秀的教师，从而带动教育事业迈上一个新的台阶。

第二节　师范教育课程体系构建

一、师范教育课程体系构建的基本要求

（一）课程体系构建需要体现时代发展对教师的素养要求

随着时代的发展，对人才素养的要求在不断发生变化，而教师作为学生的指导者，对学生的素养发展起着重要的作用，所以教育对教师素养的要求也在不断发生着变化。就现代教育来说，对卓越教师素养的要求是综合性的，关于这一点，笔者在本书第三章已经做了详细的论述。当然，对师范生而言，很难达到卓越教师的水平，但就能力体系而言，要求是一致的，这体现了时代发展对教师素养的综合要求，因此在设置课程体系时，应进行充分的考虑。

（二）课程体系构建需要以现代教育理念为指导

理念是行动的先导，具有怎样的理念，便会产生怎样的行为。师范教育同样如此，具有怎样的教育理念，便会形成怎样的课程体系。随着教育事业的发展，我国教育理念在不断更新，目前形成了一些比较成熟且适合时代发展的

教育理念，如以人为本的理念、全面发展的理念、主体性理念、个性化理念、多样化理念、生态和谐理念等。这些理念指导着我国教育教学的改革，同样也指导着具体课程体系的构建。其实，以卓越教师培养为目标的师范教育课程体系构建，就是要改变传统课程体系中不科学、不合理的地方，剔除陈旧教学理念之下僵化的课程模式，以现代教育理念为指导，构建更加科学化、合理化的课程体系，从而为学生向卓越教师的迈进奠定坚实的基础。

（三）课程体系构建需要适应教育改革的需求

当前的教育改革是面向大、中、小各个阶段的，所以在构建师范教育阶段的课程体系时，既要从自身教育改革的角度出发，也需要从中小学教育改革的角度出发。一方面，就高等教育而言，其教育改革是面向各环节、各因素的变革和调整，包括调整科类比例、层次结构、招生分配、管理体制、督学制度、办学方针等。我国高等教育经过长时间的发展，目前已进入新的发展阶段，也面临着新的问题，如在规模不断扩大的同时，也面临着不能完全适应经济社会发展需要、结构不够合理、东中西部区域发展水平不平衡等问题，所以对包括师范教育在内的高等教育进行改革至关重要。在设置课程体系时，应从宏观角度考虑教育改革的大趋势和大方向，这样才能适应教育改革的需求，促进师范教育更好发展。

另一方面，就中小学教育而言，与大学教育不同，中小学教育属于基础阶段的教育，其教育改革虽然也是面向各环节、各因素的变革与调整，但在具体内容上与高等教育却完全不同，中小学阶段的教育改革更多的是围绕教学展开的。在构建师范教育课程体系时，之所以还要考虑中小学阶段的教育改革，是因为师范教育培养的教师很多都需要到中小学去任教，所以需要了解中小学教育改革的内涵，并能够在教学实践中落实。因此，师范教育课程体系的构建还需要适应中小学阶段教育改革的需求。

二、师范教育课程体系构建的基本原则

（一）开放性原则

师范教育课程体系构建的开放性原则主要体现在对外开放和对内开放两个方面。所谓对外开放，就是要借鉴和吸收国外的教育经验。纵观世界各国，很多国家都非常重视师范教育，在课程建设上也进行过很多的探索，并形成了比较成熟的课程体系。虽然不同国家之间的国情存在较大的差异，但就教育而

言，存在很多的共同点，所以在课程体系建设上，我国的院校可以大胆借鉴国外学校的经验，做出尝试和探索，保留适用于我国院校的内容，剔除不合适的内容。至于对内开放，就是在设置课程体系时，要面向所有教师和学生。不可否认，课程体系设置的专业性很强，需要专业人士以及优秀教师一起设置，但对于其他教师和学生而言，他们最终都需要以不同的身份践行课程体系，他们是实践者，具有一定的发言权，也很可能从实践者的角度提出不同的见解与意见，这无疑能够增加课程体系设置的科学性和全面性。因此，在进行课程设置时，应面向全体教师和学生，如果由于人数众多不易操作，也可采取代表制的方式，即由学生和教师选出代表参与，将众多教师和学生的意见汇总后提出，这样既体现了民主性，也能够提高教师、学生参与的效率。

（二）适度超前性原则

社会是在不断发展的，教育也是如此，随着社会的不断发展而发展，当然，教育本身也是促进社会发展的一个重要因素。课程设置的适度超前性原则就是要能够看到社会与教育不断发展的本质，在立足现实的基础上，面向未来，适度反映社会与教育发展的趋势。显然，要做到这一点并非易事，需要课程体系设置人员对教育前沿，尤其对国际教育前沿有一定的认知，并能够结合我国教育的实际情况做出全面的分析和研判，只有这样，才能构建出具有适度超前性的课程体系。

（三）综合性原则

师范教育课程体系的综合性主要通过综合性课程设置来体现，如融合课程、相关课程、广域课程等课程模式。通过前文对师范教育的论述可知，师范教育以师范性为核心，同时兼具诸多的特点，涵盖的教学内容也非常广泛，所以课程体系也要体现综合性的特点。概括而言，师范教育课程既要体现大学本科教师教育的基础性，即在本科教育阶段为教师的成长发展打下广博的教育知识、技能和素养基础；又要紧密结合当今基础教育课程改革的趋势和要求，针对教师教育的专业特征，构建出教师专业特色突出、有利于教师专业成长发展、推进教师专业化的科学的教师教育课程体系。此外，师范教育课程体系还需要注重教师知识的综合与能力的综合，即在注重学生专业发展的基础上，也要发展学生的综合素养，从而为学生向卓越教师的迈进奠定坚实的基础。

三、师范教育课程体系构建的基本策略

师范教育课程体系涵盖的内容非常广泛，包含课程目标、课程内容、课程模式、课程实施与课程评价五个方面，所以在课程体系构建中，也应该从这五个方面着手，构建五位一体的课程体系，如图 5-3 所示。

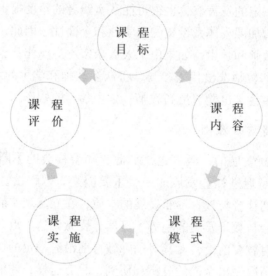

图 5-3　师范教育五位一体的课程体系

（一）师范教育课程目标的准确定位

有目标才有前进的方向，为确保师范教育阶段卓越教师培养计划的有效落实，在师范教育课程体系设置中，首先要对课程目标做准确的定位，并确保目标具有可操作性。其实，关于卓越教师培养的目标，在《教育部关于实施卓越教师培养计划 2.0 的意见》中便有明确的叙述：经过五年左右的努力，办好一批高水平、有特色的教师教育院校和师范专业，师德教育的针对性和实效性显著增强，课程体系和教学内容显著更新，以师范生为中心的教育教学新形态基本形成，实践教学质量显著提高，协同培养机制基本健全，教师教育师资队伍明显优化，教师教育质量文化基本建立。到 2035 年，师范生的综合素质、专业化水平和创新能力显著提升，为培养造就数以百万计的骨干教师、数以十万计的卓越教师、数以万计的教育家型教师奠定坚实基础。

当然，上述目标是站在卓越教师培养的宏观视角上去看的，如果细化到师范教育阶段，课程目标的设置则需要考虑师范教育的特点与需求，从学生

的实际出发，对学校、教师以及学生做充分的调查研究，然后在尊重学生发展（即以人为本的理念）的基础上，结合专家学者的建议，制订明确的、切实可行的课程目标。

（二）师范教育课程内容的优化

课程内容是师范教育课程体系中的核心部分，在很大程度上影响着课程的质量，所以如何优化师范教育课程体系，也是需要重点考虑的一个问题。具体来说，师范教育课程内容的优化可以从以下两个方面着手。

1.加强实践教育环节

在针对师范教育的改革中，加强实践教育是一项重要的改革内容，因为学生诸多教育能力需要在实践课程中形成，如果仅仅停留在理论教育阶段，学生最终很可能会成长为一个只会"纸上谈兵"的不合格的教师。其实，针对师范教育中实践环节薄弱的问题，很多师范院校都进行了探索和实践，比如河北师范大学的实践型教师教育——河北师范大学卓越教师培养计划、山西师范大学的实践取向的本硕一体化卓越中学生物教师培养模式改革、河南大学卓越教师实验班学生在开封市一些中学开展的"一对一"跟随优秀教师见习，等等。

此外，还有一些学校在师范教育课程设置中，将实践导向作为课程开设的重要内容，其课程设置可参见表5-1。各师范院校在实践课程优化中可参考有经验的院校，然后因地制宜地进行课程设置。

表5-1　一些师范院校实践导向的教师教育课程开设情况一览表

学　校	课程设置
北京师范大学	现代教育技术基础、学科教材分析、多媒体教学课件设计、基础教育课程改革理论与实践、职业信念与养成教育、科研训练与创新活动
华东师范大学	教育研究与拓展、教师口语、信息化教学设计与实践、微格教学、学科教材设计与教材研究等
华中师范大学	学科课程标准与教材研究、教育研究方法、现代教育技术、教师职业技能训练、课堂管理、班主任工作、学校心理咨询
西南大学	口语能力训练、书写能力训练、心理教育能力训练、教育技术应用能力训练、教学能力综合训练、音乐基础能力训练、美术基础能力训练、课堂教学技能测试
华中师范大学	现代教育技术应用、教学技能训练（分专业开设）、教师语言、书写技能、各学科教学设计、课程与教材研究

续表

学 校	课程设置
陕西师范大学	现代教育技术（网络教学）、基础教育课程改革专题、教育研究方法、教育政策法规、学科教材分析与教学设计

2.优化师范教育课程结构

课程结构是课程目标转化为教育成果的纽带，是课程各部分相互协调、相互配合的重要依据，所以优化师范教育课程结构也显得非常重要。在参考教育资料的基础上，结合教学经验，笔者认为，师范教育的课程结构优化可参考表 5-2。

表5-2 师范教育课程结构一览表

课程类别			学 分	对应培养内容
通识教育课程	通修课	马克思主义理论课和思想政治教育课	大约 50	人文素质
		体育与国防教育课		
		信息技术课		
		书写与表达课		
	通选课	自然科学课		
		人文社会科学课		
专业教育课程	专修课	专业基础课	大约 80	基础宽厚专业精湛
		专业主干课		
		专业系列课		
		专业实习与毕业设计（论文）		
	专选课	专业系列课		
教师资格教育课程		教育理论类课程	大约 25	本领过硬
		教育实践课		
		教育技能课		
其他选修课程			不定	扩展知识领域
总学分			155 左右	

（三）探索多样化的课程模式

为了给培养卓越教师奠定基础，很多师范院校针对在校师范生的培养模式进行了探索，并在逐步的探索与完善中形成了独具特色且颇有成效的课程模式。例如，吉林师范大学"卓越教师"人才培养采用"4+2+2"课程模式。"4"指第1学期至第4学期进行专业基础知识学习。前者"2"指第5学期至第6学期主要进行生物专业教师教育理论学习、教师教育技能培养、教师教学能力训练，后者"2"指第7学期至第8学期全程实践教学，师范生进入人才培养模式创新实验区进行卓越教师培养。"4+2+2"人才培养模式更系统、更深入地传授教师教育理论，注重实践教学环节，旨在培养讲台上能成功完成各项教学任务，讲台下可从事教学研究与管理的高素质的复合型人才。[①]

再如，洛阳师范学院提出了"1+3 +2"卓越教师课程模式，即"一个核心、三个对接、两个平台"的一体化培养模式。一个核心指培养适应当地基础教育发展的卓越教师和基础教育的领军人物；三个对接指课程体系实现与学科专业特点对接，与基础教育新课程改革的发展要求对接，与教育部教师教育课程标准对接；两个平台是指建立"高校与中学"点对点双向互动远程教育见习实训平台，建立点播式数字化课程教学资源库平台。旨在培养、造就师范生成为教育信念坚定，专业精神高尚，人文、科学和艺术知识广博，专业知识融会贯通，专业能力卓越出色，教育研究能力和可持续发展能力较高的卓越教师，能够在8~10年内成为基础教育的卓越教师和领军人物。[②]

由于各师范院校之间存在一定的差异，因此在探索师范教育课程模式时应充分考虑本校实际情况，可以借鉴和参考其他院校的模式，但切忌实行"拿来主义"，而是要有选择性地保留，最终形成适宜本校的、具有本校特色的课程模式。

（四）师范教育课程实施的具体保障

课程实施也是课程体系构建中的关键一环，因为实施的效果在很大程度上反映了课程体系的效益，所以为了保障课程设施的效果，应做好具体的保障措施，具体包括加强师资队伍建设、加强学校各项设施建设和建立"学校—政府—中小学"三位一体的培养机制三个方面。

---

① 赵卓，宋鹤，刘丽梅，等."卓越教师"人才培养模式的探索与研究 — 以吉林师范大学创新型生物人才培养模式为例[J].安徽农业科学，2015，43(3)：35-37.

② 张晓凤.基于"能力本位"的卓越教师培养模式研究与实践 — 以洛阳师范学院为例[J].兰州教育学院学报，2015，31(4)：95-97.

1.加强师资队伍建设

教师作为课程实施的关键要素之一，教师队伍的质量影响着课程设施的质量。从某种意义上来说，即便学校优化了教学内容，构建了独具本校特色的课程模式，如果没有优秀的教师去落实，也很可能达不到预期的效果。因此，学校应加强师资队伍的建设工作。关于师资队伍建设，本书的核心内容——卓越教师培养，其实就是围绕教师建设展开的，本书的前几章也多次指出了教育教学中卓越教师的重要性。同样，在师范教育阶段，要培养优秀的师范生，培养优秀的准教师，也需要卓越教师。因此，无论是从宏观的教育角度看，还是从课程实施的具体层面讲，优秀的教师队伍都是重要的保障。

2.加强学校各项设施建设

21世纪是信息化的时代，随着信息技术的不断发展，其在各领域的应用也越来越普遍，其中，便包括在教育领域的应用。信息技术的应用使教育教学发生了巨大的变化。比如，在教学方式上，多媒体的运用改变了传统的书写和演示模式，借助生动形象的多媒体，可以使知识的讲解更加直观，所以在一定程度上提高了教学的效率。再如，借助信息技术平台，可以实现线上教学，这样可以打破空间的限制。不可否认，硬件设施是教育教学的辅助设备，不是核心因素，但如果能够建设比较完善的设施，也能够在一定程度上保障课程的实施，进而促进教学效率的提高。

3.建立"学校—政府—中小学"三位一体的培养机制

为保障课程的实施，院校可以借鉴美国的做法，即将政府、学校和中小学联系起来，构建三位一体的培养机制，如图5-4所示。在师范教育课程实施中，学校是主导，也是实践的主体，应充分发挥自身的积极性。与此同时，政府应利用自身优势，在对当地教师进行统筹的基础上，参与到课程体系的制定与评价中，并为高校课程的实施提供必要的支持（如资金支持、环境支持等）。此外，中小学应秉承"合作共赢"的理念，与师范院校积极地进行合作，提供实践场所，从而促进师范生教育实践能力的提升。在中小学参与的过程中，政府同样要发挥其优势作用，为中小学提供必要的指导与支持。

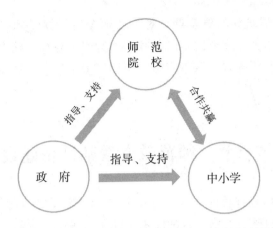

图5-4　"学校—政府—中小学"三位一体的培养机制

（五）师范教育课程评价体系的构建

课程评价体系也是整个师范教育课程体系中的重要组成部分，科学的课程评价体系能够保证课程的有效性，因此也需要构建完善的课程评价体系。至于如何构建，笔者认为可从以下两点着手。

1.构建合理的课程评价标准

标准是实施的指导，有了明确的课程评价标准，才有了评价的方向和依据，所以课程评价体系构建的第一步就是要构建科学、合理的课程评价标准。关于标准的制定，笔者在前文曾提到，教育部在2021年制定了《中学教育专业师范生教师职业能力标准（试行）》《小学教育专业师范生教师职业能力标准（试行）》《学前教育专业师范生教师职业能力标准（试行）》《中等职业教育专业师范生教师职业能力标准（试行）》《特殊教育专业师范生教师职业能力标准（试行）》五个文件，各校可结合本校实际情况制定更为详细和明确的标准。

2.构建完善的课程评价机制

完善的课程评价机制体现在两个"全面"上，一是全面的课程评价；二是全面的评价主体。所谓全面的课程评价，就是依据制定的评价标准，对课程目标、课程内容、课程实施等进行全面、动态的评价，秉承"随时发现问题，随时进行改正"的原则，从而确保课程实施最终能够取得一个较好的效果。全面的评价主体就是要坚持"多元化、多维度"的评价原则，引入多个主体对课程进行评价，包括专家、学校管理人员、教师、学生等，这样可以使课程评价尽可能地客观和全面。

总之，卓越教师的培养是一项长期的工程，很难一蹴而就，而师范教育阶段作为卓越教师培养的奠基期，对于教师今后的发展具有重要的影响，所以在课程体系构建上，需要以卓越教师培养为终极目标，从多个方面（课程目标、课程内容、课程模式、课程实施与课程评价）着手，从而构建更加科学和完善的课程体系。

第三节　师范教育教师队伍建设

在上一节《师范教育课程体系建设》中，笔者简要提到了教师的重要性，作为师范教育中的核心人物，教师的重要性无疑是第一位的，所以针对教师队伍建设，笔者将在本节中做更为详细的阐述。对于师范教育来说，教师队伍的建设可以从教师的引进与培训模式、教师交流与协作、教师队伍环境建设、教师队伍制度建设四个方面着手，四个方面并不是相互孤立的，而是要彼此联系，共同推动学校教师队伍的建设，如图5-5所示。

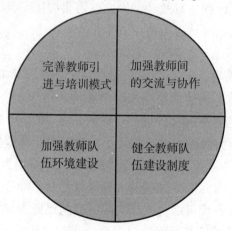

图5-5　师范教育教师队伍建设示意图

一、完善教师的引进与培训模式

教师引进与培训是学校教师队伍建设的第一步，能够为教师后续的发展奠定一个非常坚实的基础，所以师范教育教师队伍建设的第一步就是要完善教师的引进与培训模式。

（一）完善教师引进模式

1.在引进教师时应秉承按需设岗的原则

所谓按需设岗，就是依据教育的需求设置岗位，这是优化教师结构、提高教育质量的客观要求。教育事业是由各种结构合理构建、科学设置、协调一致的有机整体，因此教师队伍结构必须与教育结构相适应。具体讲，教师队伍结构要符合教育的区域结构、类别结构、层次结构、学科结构的需要。再具体到一所学校，还要讲求知识结构、年龄结构、性别结构等，以适应课程结构、年级结构、学生年龄和性别结构的需要。[①]目前，一些师范学校存在教师队伍结构性矛盾，这样不仅会影响学校的教学质量，还会造成教师资源的浪费，所以在引进教师时，学校应该秉承按需设岗的原则，从而使学校的教师结构达到一个较为理想的状态。

2.在具体操作中应秉承择优引进的原则

目前，一些院校在引进教师时会采取职级对等性平行选聘的方式，即以教师的职称作为最主要的引进标准。当然，职称能够在一定程度上反映教师的经验与能力，但这种方式也容易导致一定的副作用：职称高的教师可能会形成坐吃老本的心态，在教学与科研上不思进取，甚至裹足不前；而一些中青年教师具有非常高的热情和能力，但却因为职称较低被降低了各项待遇，进而影响了他们的积极性和进取精神。因此，在引进教师时，学校不能把职称作为考虑教师的唯一标准，而是应该综合考量一个教师，秉承择优引进的原则。

（二）完善教师培训模式

1.加强青年教师的全面培训与提高

青年教师作为师范院校教师队伍中的重要组成部分，虽然在教学与教研经验上不如老教师，但他们思想活跃，乐于接触新的事物，是学校教师队伍的生力军。通过加强对青年教师队伍的培训，可以有效提升学校教师队伍的整体质量，所以各师范学校应更加重视青年教师这一生力军。对青年教师的培训，应着眼于实践，以在职进修为主，校、系两级领导应加强对青年教师培养工作的领导，各级教研室要制定规划，指定导师对他们进行传、帮、带，同时建立校、系两级领导与青年教师的联系制度和老、中教师指导青年教师的导师制度。对于刚刚上岗的青年教师，要抓好岗前培训，帮助他们尽快完成由学生

---

① 钱旭.为教师"按需设岗"叫好[J].甘肃教育，2014(18)：1.

到教师的过渡。针对表现突出的青年教师，可以给予破格性的奖励，如破格晋升、出国进修等。总而言之，学校应尽可能多地给青年教师创造机会，以使他们能够快速地成长。

2.培养一批学科骨干与教研带头人

在培养青年教师的同时，学校还应该重视培养一批学科骨干与教研带头人。一方面，一个学科中如果有几位学科骨干与教研带头人，便可以形成一支在教学与教育上的攻坚力量，可以带领青年教师针对教学与教研上的问题进行探索和研究，从而带动教师队伍整体素质的提高。另一方面，在教学群体中，尤其对于青年教师而言，学科骨干与教研带头人能够起到榜样的作用，他们会成为青年教师努力的标杆。在培养学科骨干与教研带头人时，学校应打破固有的思维，要大胆从青年教师中选择，同时发挥一些老教授的"余热"，这样可以提高学科骨干与教研带头人培养的效率。

二、加强教师间的交流与协作

孔子曾说过："三人行，必有我师焉。"的确，每个人身上都可能有值得他人学习的地方，我们应"择其善者而从之"。因此，在师范学校教育队伍建设的具体策略中，加强教师间的交流与协作无疑是一个不错的选择。在具体的操作中，除了常见的学术交流会之外，还可以从以下两个方面做出尝试。

（一）建立教师教育学院

教师教育学院是针对一所学校而言的，即学校结合本校实际情况成立一个可以整合和协调教师的机构，其作用是整合学校教师教育的教学资源，协调各学院开展教师教育工作，统一规划学校教师教育工作，最终实现教育资源的合理配置。就教师教育学院而言，其对教师教育资源的整合可分为两个方面：

第一，将学校教育人员整合在一起，形成一个大的教学团体（当然，也可以分成多个小的教学团体），彼此之间针对教学经验进行总结和分享，同时针对教学改革的理论和实践进行研讨，制定更加科学、合理的课程体系。将教师整合在一起，不仅有助于促进教师团体的协作，还有助于形成良好的学术氛围，从而进一步推动教师队伍的卓越化发展。

第二，将学校教师教育的学习资源整合在一起。一个学校的资源是相对有限的，要使有限的资源得到最大化的利用，就需要将教师教育的学习资源与教师整合到一起，这样可以实现更大范围的覆盖，从而实现有限资源利用的最大化。

当然，教师教育学院的建立并非易事，需要学校对全体教师进行充分的调研和分析，然后结合实际情况而定，这样才能使教师教育学院成为学校教师管理系统中的润滑剂。

（二）建立高等学校教师教育联盟

高等学校教师教育联盟是针对多所学校而言的，即多所学校共同组建一个教师教育联盟，其作用是融合联盟学校优势资源，突出教师教育办学特色，促进教学与科研结合，加强校校协同创新，从而全面提升各校教师教育的教学质量和整体办学水平。对于同一地域（通常以省为一定的地域范围）的师范院校来说，因为地域差异较小，在一些内容上更容易协调，而且不同的院校之间都存在自己的优势，所以同一类型的院校（如师范院校）可以共同建立一个教师教育联盟。

例如，云南师范大学在2012年时牵头整合了云南省13所师范类或具有教师教育专业的高校，成立了"云南省高校教师教育联盟"，目前，该联盟有云南师范大学、曲靖师范学院、玉溪师范学院、楚雄师范学院、大理大学、红河学院、昆明学院、保山学院、文山学院、昭通学院、普洱学院、滇西科技师范学院、丽江师范高等专科学校、德宏师范高等专科学校、西双版纳职业技术学院、高等教育出版社共16家成员单位。该联盟自成立以来，致力于构建协同、共生、共赢的区域性教师教育发展机制，探索了教师教育人才协同培养机制，合作开展了教师教育学科建设、科学研究、队伍建设、课程开发、技能培养等工作，推进了优质教师教育资源共建共享，为云南省教师教育改革与创新提供咨询和服务，打造西部教师教育品牌，为全面提升云南省教师教育发展水平发挥了积极的作用。

三、加强教师队伍环境建设

教师队伍环境建设主要包括物质环境和文化环境两个方面，学校在环境建设上也应该从这两个方面着手。

（一）物质环境建设

教师队伍物质环境建设包括两个方面：一是学校基础设施建设，二是经费的投入。

1.加强学校基础设施建设

良好的基础设施能够更好地辅助教师的教学与教研，所以在学校基础设施建设中，除了重视整体环境的设施建设之外，还应该不断完善与教学有关的基础设施。

第一，完善课堂教学条件。在现代教学中，多媒体、微格教室等已经逐渐成为教师教学不可或缺的媒介，学校应在经费充足的基础上不定期地更新学校的教学设施，从而使教师的教学条件得到改善。

第二，加强教学资源建设。教学资源包括纸质资源与网络数字资源，所以教学资源的建设也主要从上述两个方面切入。目前，无论是纸质资源还是电子资源，大多保存在学校的图书馆中，所以学校要加强图书馆的资源建设，进一步丰富图书馆的纸质资源与电子资源，同时引入先进的检索设备，提高教师检索资源的效率。

2.加强经费的投入

经费是教师教研的重要保障，而教研作为教师自我提升以及促进教育事业发展的重要途径，如果学校不能保障教研经费的充足，无疑会影响教师的发展，进而影响学校的教学质量。其实，教研大多是一个长期的事情，需要的经费自然较多，学校应正确认识教研长期投入与其回报的关系。简单来说，在教研经费的投入上，多少并不是重点，重点是要考察研究的项目，对于有价值的研究，学校应积极鼓励，并提供充足的经费。

（二）文化环境建设

教师队伍文化环境的建设包括两个层面：一是宏观层面的校园文化，二是中观层面的学术文化。

1.校园文化建设

高校校园文化始终处在社会文化的前沿，不仅承担着育人的重要职责，还承担着引领社会文化的重要任务。优秀的校园文化不仅是大学精神的具体体现，还是培养独特文化素质和创新人才的沃土，对于全面提高大学生的素质和能力，促进大学生以及教师的发展具有不可替代的作用。在当前的教育背景下，师范院校在建设高校校园文化时，应秉承以人为本的原则，客观务实。高校的和谐首先是人的和谐，人的和谐才能推进高校的和谐，构建和谐的高校校园文化必须以人为本，为广大师生创造公平竞争的空间，营造和谐宽松的环境，激励师生在建设校园文化中的自觉行为，形成全体师生员工各尽其能、各展所长、各得其所、专心工作和学业而又和谐相处的高校校园文化氛围。

2.学术文化建设

学术是大学精神的重要组成部分，虽然在前文笔者反复强调师范教育的师范性，但学术性同样是高等师范教育的一个重要特征，尤其对于大学教师而言，学术是他们发展的一个根基所在。在学术文化建设上，学校应秉承宽松、宽容、自由的原则，为教师提供良好的学术研究氛围。美国大学教授协会1964 年发布了关于学生的学术自由声明，明确表示："学术机构的重要特征就是自由探究和自由表达，教学自由与学习自由是学术自由不可分割的两个方面，学生的批判能力和独立追求真理的精神应该受到鼓励。"① 从某种程度上来说，人的创新精神和创新能力源于个性发展，也源于不断地探索与试错，这就要求学校为教师提供一个宽松的自由环境和宽容失败的学术氛围，只有这样，才能有促进教师学术上的创新，从而促进教师的卓越发展。

四、健全教师队伍建设制度

制度建设能够为师范教育的教师建设提供必要的保障，所以除了教师队伍环境建设之外，学校还需要增加制度建设，通常包括准入制度与评价—退出制度两个方面。

（一）准入制度

1. 严把教师聘入标准

在前文，笔者指出要完善教师的引进模式，其目的是提高学校教师聘入的起点，而除了上文提到的两点之外，学校还需要严把聘入的标准。在《中共中央 国务院关于全面深化新时代教师队伍建设改革的意见》中也明确指出："严把高等学校教师选聘入口关，实行思想政治素质和业务能力双重考察。严格教师职业准入，将新入职教师岗前培训和教育实习作为认定教育教学能力、取得高等学校教师资格的必备条件。"其实，关于教师的准入标准，中小学有教师资格证这一基本的限制，然后学校结合本校实际对教师进行考察。对于大学教师来说，目前没有资格证书的要求，对教师的聘入标准通常都是由各高校制定，所以为了确保聘入教师的质量，各校必须要严格把控聘入的标准，从而为教师队伍的建设奠定良好的基础。

2. 完善教师任职的试用期制度

试用期也是教师的准入期，经过试用期的考察，学校可以对教师的综合素养有更深入的认识，然后进一步确定是否聘入。其实，目前很多企业都有试

---

① 吕刚.高校创新教育的环境保障：建设高校校园文化 [J].北方经贸，2012(7)：131，133.

用期一说，因为仅仅通过考试、面试等考察并不能完全了解一个人的能力，而通过试用阶段的考察，便可以更加深入地了解应聘者各方面的情况，从而确定是否聘入。然而，在实际操作的过程中，很多师范院校对教师试用期的考察并不严格，往往是试用期结束后便转为正式聘用，很少会对教师试用期的表现做认真的评价。这种做法是一种松把聘入关口的表现，不仅不利于学校教师队伍的建设，还不利于教师对自身的认知。因此，针对试用期制度，学校应进一步完善，对于合格的教师予以聘用，同时指出教师哪些地方存在问题，以便教师进一步改正；对于不合格的教师要大胆解聘，同时也要指出教师存在的问题，这对于解聘的教师无疑也是非常宝贵的经验。

（二）评价—退出制度

所谓评价—退出制度，就是对教师进行评价，然后不合格的教师会被辞退（解聘）。其实上文提到的试用期制度便包含了一部分"评价—退出"的内容，即对试用期的教师做出评价，如果不合格，则教师会被辞退（解聘）。当然，此处指出的评价—退出制度主要指向学校的在职教师。在很多人的观念中，教师是一个"铁饭碗"，这种观念容易使教师产生懈怠心理，从而影响学校教师队伍的建设，而评价—退出制度的建立可以提升教师的危机感，从而避免尸位素餐等情况的出现。

为了尽可能提高评价的科学性与客观性，在评价教师时，不能只停留在对教师业务水平（教学水平与教研水平）的考察，还需要综合考虑教师的学风、师德等多个方面。在学风的考察上，要求教师严谨扎实，同时具有创新意识，对于学术造假的行为，要予以严格的惩罚。在师德的考察上，要求教师具有责任心与爱心，能够对学生进行谆谆教诲，同时严格要求自我，成为学生的表率。在这一点上，可以邀请学生加入，让学生对教师的师德进行打分，这样可以使评价更加客观和全面。总之，对于在职教师，要建立系统的评价标准，对教师进行全面、动态的考察，对于不合格的教师，可以给予一定的观察期，如果观察期后仍旧不合格，则坚决解聘，将其淘汰出教师队伍。

第四节　师范教育实践实习

一、师范教育实践实习的目的

在前文的论述中，笔者多次强调实践实习的重要性，这是师范生培养计划中的一门必修课，也是培养师范生教育综合素养的重要环节。关于师范教育实践实习的目的，概括来说，就是通过实践实习提升师范生与教育教学相关的综合素养，从而基本完成由师范生向教师角色的初步转变，同时通过师范生实习的情况检验学校的教学质量，并针对该反馈对学校的教学质量进行改进。

（一）促进师范生初步形成从事教育工作的能力

通过在校学习，师范生获得了教学所需要的基础理论、专业知识和基本技能，但这些知识更多时候是以外部输入的形式存在，如果不进行教育实践（即输出），这些知识很难内化为师范生的素养，因此师范生的实践实习必不可少。

1.实践实习有助于锻炼师范生的课堂教学能力

在课堂实习中，师范生依据教学目标与教学任务，对教材进行系统的分析与处理（教材各单元之间通常有 ·定的联系，教师需要吃透教材，把握单元与单元之间，甚至课与课之间的联系，才能够更好地设计每一堂课），然后结合学生的实际情况，选择适宜的教学方法，完成教学任务。在这个过程中，师范生课堂教学能力中的教材处理的能力与知识整合的能力能够得到有效的锻炼。

2.实践实习有助于锻炼师范生的课堂口语表达能力

口语表达能力是教师必备的基本能力之一，这是教师运用口头语言有效传达信息的一种能力，如果教师在口语表达上存在问题，也必然会影响教学的质量。与日常生活中的交流不同，课堂教学中的口语表达需要做到简洁准确、通俗生动和条理清晰。对于师范生而言，即便在日常的生活中能够侃侃而谈，但当场景变为课堂之后，学生便可能会出现词不达意、笨嘴拙舌的情况。而通过实践实习，学生可以在真实的课堂场景中发现自己口语表达上的不足，并通过不断改正初步获得口语表达能力的提升。

3.实践实习有助于锻炼师范生的组织管理能力

在教学活动中，教师既是教育者，也是组织者，所以组织管理能力也是教师不可缺少的能力之一。对教师来说，组织管理能力一般包括三个方面：组织管理课堂教学的能力、组织管理学生小组活动的能力、组织管理学生社会实践的能力。显然，上述三种能力不能通过理论知识的学习获得，需要学生在实践实习中不断探索，只有这样才能对教学的组织管理形成深刻的认知，并初步形成组织管理的能力。

（二）检验师范院校教学质量，不断改进教学工作

要检验一个师范院校的教学质量，分析该校毕业生从教后的教学质量是最有效的一个途径。当然，通过检验在校学生的学习效果，也能够从一定程度上反映学校的教学质量，而对在校学生的检验通常有考试和实践实习两个途径。其中，考试作为学校最常用的一种方式，能够检验学生理论知识学习的效果；而实践实习则能够检验学生理论知识的内化程度（即将理论知识内化后再输出的能力）。

从某种程度上来说，实践实习如同一面镜子，可以照出师范教育中存在的一些问题。的确，考试能够考察的范围有限，而教育实习所包含的内容非常广泛，能够反映的问题也自然较为全面，如师范生的知识掌握情况、道德素养、综合能力等，这些便可以反映出师范教育存在的一些问题。在学校将学生实践实习的结果汇总、整理、分析之后，便可以有针对性地改进教育工作，从而进一步提高教育质量。

二、师范教育实践实习的流程

师范教育的实践实习有多种不同的形式，学校无论采取哪种形式，其流程都大致包含三步：实践实习准备、实践实习实施、实践实习总结与评价。上述三步逐步展开，如图5-6所示，最终完成学生的实践实习。

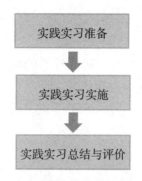

图 5-6 师范教育实践实习的基本流程

（一）实践实习准备

充分的工作准备是顺利完成教学工作的重要保证，尤其对于没有实践教学经验的师范生而言，更要做好教学前的准备工作。具体而言，师范生实践实习的准备包括思想准备、业务准备和组织准备三个方面。

1. 思想准备

对于没有任何实践实习经验的师范生来说，在准备参加实践实习时，内心不免会出现紧张、担忧的情绪，为了尽可能消除这些负面的情绪，学生应从以下几方面做好思想上的准备：

（1）作为一名准教师，师范生应该在思想高度上正确认识教育实习工作，并提起足够的重视，将其作为提升自我教育素养的一个机会。

（2）虽然师范生是以学生的身份参与实践实习，但当师范生走上讲台的那一刻，他们便成了教师，学生要从思想上认识到自己身份的转变，不能以学生的身份要求自己，而是要以一名优秀教师的标准要求自己，注意自己的言行举止，为学生做好表率。

（3）对于师范生而言，由于没有教学的实践经验，因此在实践实习的过程中难免会出现错误和问题，学生应做好充分的思想准备，正视实习过程中出现的问题，并通过分析问题、解决问题实现自身能力的提升，而不是惧怕出现问题，更不能因为出现问题便加重了畏惧的心理，进而影响后续的实践实习。

2. 业务准备

师范生实践实习的业务准备主要针对教师职业技能方面，其目的是避免学生因为职业技能的生疏而出现手忙脚乱的情况，影响课堂教学的质量。因此，在临近实践实习前，师范生应从以下几方面做好业务上的准备：

（1）加强基本功的练习，如粉笔字、钢笔字的书写，教具的制作，教师口语的表达等，对于有需要的课程，还可对学生进行简笔画、英语口语等方面的练习。

（2）加强教学技能的训练，如新课导入的技能、知识讲解的技能、学生提问的技能、知识总结的技能、复习的技能等。

针对师范生的业务准备，切忌流于形式，而是要切实地落实，达到"战前练兵"的效果。

3. 组织准备

师范生虽然是教育实践实习的主体，但实践实习牵扯到的其他方面的工作需要学校进行全面的考量，所以从学校的角度看，学校还需要为学生做好组织上的准备。

（1）加强学生实践实习的组织领导。建立校、系、实习学校参加的各级实习领导组织机构，该机构既要对教育实习的准备工作进行指导，同时也要全面指导实习工作的落实。

（2）进行实习布点。师范教育的教育实习是一项系统的、有组织的工作，需要学校在统筹规划的基础上做好实习布点工作，这是确保实践实习质量的一个重要保障。实习布点的流程大致为：

①统计需要实习的师范生的信息；

②选择和统计实习学校的信息；

③了解实习学校对实习生的意向；

④初步拟定实习名单；

⑤对实习名单做进一步的调整；

⑥向学生公布实习点。

（3）筛选优秀的带队教师。带队教师是师范院校派出的组织师范生实习工作的在职教师。学生在实践实习的过程中不免会遇到一些问题并需要与学校联系，如果学生实习的地方距离学校较远，且学生不便立刻离开实习学校，这时便可以与带队教师联系，由带队教师与师范院校和实习学校沟通，帮助学生解决问题。另外，带队教师还肩负着考察学生的任务，并需要将学生实习情况进行汇总，然后反馈到学校。因此，带队教师需要具备强烈的责任心，并且具有较高的业务水平和组织能力，能够胜任带队工作。

（4）召开实习工作会议。在一切实习工作准备就绪后，学校还需要组织教师以及实习学校召开实习工作会议，针对实习中的一些内容做进一步的探讨。为保证实习工作会议的效率，会议主题要明确，重点要突出，内容要精练。在实习工作会议召开之后，对于有条件或者有需要的院校，还可以召开实习动员大会，通过大会调动师范生实习的热情，并消除学生的一些负面情绪，从而帮助学生更加顺利地进入实习状态。

（二）实践实习实施

在实践实习准备工作完成之后，师范生便正式开始了教学的实践实习工作。通常，师范生的教育实习包括备课、课前试讲、正式上课和听评课四个环节，四个环节按序依次进行，如图 5-7 所示。

图 5-7　实践实习实施的具体步骤

1.备课

备课是教学中的重要环节，即便是卓越教师，在正式上课前也需要备课，所以师范生一定要认真对待备课环节，不打无准备之仗。对于参与实习的师范生而言，由于对学生并不了解，因此备课的内容除了教案的准备之外，还需要做好了解学生的工作。

（1）"备"学生。"备"学生就是要了解学生，包括了解学生的学习兴趣、学习态度、思维特点、爱好特长、学习能力等。对学生的了解可以采取"整体＋典型"的方式，即在对学生进行普遍了解的基础上，对个别典型的学生再做进一步的了解。至于了解学生的途径，笔者认为可以采取以下几种方法：

①向班主任以及任课教师请教，他们对班级中的学生大多比较了解，通过向他们请教，可以最快地对学生情况有一个大致的了解。

②在其他教师课内或课间观察学生。在空余的时间，实习师范生可以提前与其他任课教师沟通，一方面可以观摩其他教师上课，另一方面可以借此观察学生。此外，实习师范生还可以在课间时观察学生，课间时学生往往会呈现出另一种状态，通过在课间观察学生，可以更加全面地了解学生在不同场景下的不同状态。

③与学生多交谈。要想深入地了解学生，与学生交谈是一个重要途径。实习师范生可以利用早操、劳动、课外活动的时间与学生交谈，交谈时尽可能保持一种自然的状态，不要给学生造成压力，这样更容易让学生敞开心扉与教师交谈。

（2）备教案。教案是保障教师顺利开展教学活动的一种实用性教学文书。由于教师教学习惯的不同、教学内容的不同，教案的形式也会存在些许的差异，但一般情况下，教师准备的教案大多包含以下内容（见表5-3）。

表5-3　教案应包含的内容

教学目标	阐述本课要完成的教学任务，一般分为三个方面：①知识与能力②过程与方法③情感态度与价值观	
内容分析	内容分析通常包含两个方面：①教学重点②教学难点	
教学过程设计	（1）导入新课	新课导入环节需要考虑以下几点：①复习上节课所学的哪些内容②以怎样的方式提问③提问哪些学生④大概需要多少时间
	（2）讲授新课	讲授新课环节需要考虑以下几点：①针对本课内容，该采取哪些教学方法②采取怎样的方法启发、诱导学生③教师讲解、学生讨论等环节大约需要多少时间
	（3）巩固练习	巩固练习环节需要考虑以下几点：①除课本上的联系外，是否还需要设计一些额外的练习题②以怎样的方式进行，是否需要学生上黑板演示③大约需要多少时间
	（4）归纳总结	归纳总结环节需要考虑以下几点：①以怎样的方式归纳总结？由教师进行，还是由学生进行②大约需要多少时间
	（5）布置作业	作业布置环节需要考虑以下几点：①作业量的多少②考虑作业对本课知识的巩固与拓展作用

在准备教案时，实习师范生需要认识到一点，教案一定要从实际出发，要结合学生的实际情况，考虑教案的可操作性，不能为了备课而备课，这样就失去了备课的意义了。

2. 课前试讲

对于实习师范生来说，由于没有上课的经验，因此在正式上课之前需要进行课前试讲，这样可以将实习师范生可能会出现的一些问题提前暴露出来，便于他们进行自我改进。课前试讲可以采取两种方式，一种是自由试讲，一种是模拟试讲。

（1）自由试讲。自由试讲突出"自由"两个字，即对试讲的环境、内容等不做特殊的要求。师范生可以独自练习讲课，也可以邀请一起实习的同学听讲，讲课的时间可长可短。该方法的优点是操作方便，时间、地点不受限制；缺点是真实性较差，一些问题不易暴露出来。

（2）模拟试讲。模拟试讲就是模拟上课的情境，在特定的地点（通常是教室）进行，听课人员包括同期实习的师范生以及有经验的教师。这种试讲方式接近真实的上课环境，能够使实习生得到更加真实的实战训练，并且有经验的听课教师可以提出一些建设性的意见，缺点是操作不便，需要提前做好比较周密的安排。

3. 正式上课

上课是教师整个教学工作的中心环节，通常包括三个小环节：课前检查、课堂施教和课后总结。

（1）课前检查。在正式上课前的半个小时左右，实习生需要做好课前检查，检查教具是否齐备，着装仪表是否有不当的地方，然后调整好自己的情绪，以饱满的状态走进课堂。

（2）课堂施教。对于实习生来说，由于缺乏教学经验，即便做好了充足的准备，在课堂中也难免会紧张。为了避免由于紧张导致教学出现问题，在课堂施教的过程中，实习生应从以下几方面做出思考：第一，教学任务的贯彻与实现；第二，教学内容的传授与讲解；第三，教学语言的组织与提炼；第四，教学方法的选择与运用；第五，教学氛围的活跃与控制。

（3）课后总结。在上完一节课后，如果后面没有课程安排，实习生应该立刻回顾本节课的教学情况，如教学任务是否完成、教学方法运用是否恰当、教学组织是否有效、课堂氛围是否活跃，等等。反思总结后，实习生要将心得以及改进的方向记录在教案的后面，便于今后教学工作中时常翻阅，从而避免再次出现类似的问题。

4. 听评课

（1）听课。听课是提升教学经验的一个有效途径，实习生在实习的第一周（实习周）通常不会安排上课，而是要先听一些有经验的教师所讲的示范课。实习周结束之后，实习生开始正式上课，虽然上课之后实习生的时间会变得相对紧张，但也应该抽出一些时间继续听课。另外，实习生之间也可以相互听课，然后"择其善者而从之，其不善者而改之"。

（2）评课。评课是指对课堂教学成败得失及其原因做中肯的分析和评估，并且能够从教育理论的高度对课堂上的教育行为做出正确的解释。具体地说，评课是指评者对照课堂教学目标，对教师和学生在课堂教学中的活动以及由此所引起的变化进行价值的判断，它是教学、教研工作过程中一项经常开展的活动。[①] 实习学校通常会安排经验丰富的教师去听实习生的课，针对教师给出的意见，实习生应认真听取，并努力改正。

（三）实践实习总结与评价

1. 实践实习总结

教育实践实习总结就是对实习生教育实习期间的工作进行系统的回顾、分析与总结，通常包括个人总结和学校总结两部分。

（1）实习生个人总结。在实习期间，上完每一节课之后，实习生都应该做好个人总结，以便及时发现问题，改正问题。在实习结束之后，实习生结合实习期间总结的内容，撰写实习总结报告，该报告需要包括以下几方面的内容：

①基本情况介绍：简要介绍实习的地点、时间、实习班级情况、所教课程等。

②实习的成果：总结自己通过实习获得的成长，如教学技能的进步情况。

③自身存在的问题：总结自己在实习期间暴露出的问题，如知识、能力、素养等方面存在的不足之处，同时分析这些问题出现的原因，并提出改进的方向。

（2）学校实习总结。师范院校通过总结学生实习的情况，发现本校教育存在的不足之处，然后调整今后的师范生培养思路，进一步提高准教师的培养质量。

2. 实践实习评价

实践实习评价就是对学生的实践实习情况进行评价，评价应秉承科学性的原则，综合考虑学生实习期间的工作表现，最后得出学生的实习成绩。实习

---

① 王莉. 教师教育综合素质教程 [M]. 西安：陕西师范大学出版总社，2018：260.

评价的主体有三方：带队教师、实习学校和师范院校，实习成绩可分为四个等级：优秀、良好、合格与不合格。实现评价表参考表5-4。

表5-4　实习评价表

姓　名		所在系		班　级	
学　号		实习学校		实习班级	
带队教师综合评价	带队教师评语： 建议成绩： 签章：				
实习学校综合评价	实习学校评语： 建议成绩： 签章：				
师范学校综合评价	师范学校综合评语： 综合成绩： 签章：				

第六章 继续教育：卓越教师的在职培养

第一节 注重教师入职教育

从卓越教师培养的整个环节看，可大致分为职前培养与在职培养（继续教育），职前培养是整个培养过程的奠基阶段。而就在职培养阶段而言，又可大致分为入职阶段、成长阶段、专业阶段、卓越阶段，如图6-1所示，其中入职阶段是在职培养阶段的基础。

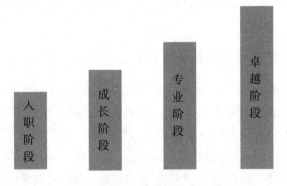

图6-1 在职培养的四个阶段

一、入职期的重要性

入职教育就是有目的、有计划地为新任教师提供的继续教育。其目的是帮助新任教师尽快熟悉教学工作，及早适应教师角色。入职期是教师职前培养和职后培训的重要桥梁，也是在职培养的基础环节，在教师卓越发展的链条上不可或缺。[①]具体而言，教师入职期的重要性主要体现在以下几个方面。

---

① 陈时见.教师教育课程论 历史透视与国际比较[M].北京：人民教育出版社，2011：235.

（一）入职期是师范生步入社会的起始阶段

对于师范生来说，毕业后走上教师岗位是他们迈入社会的起始阶段，在这个阶段，他们要完全地实现生活与经济上的独立，同时要应付新的环境，适应新的身份角色，所以在初任教师的这一阶段，师范生往往面临着较大的生活压力与心理负担，这些压力与负担一方面会成为他们前进的动力，另一方面也会消耗他们的精力，从而影响他们的成长。因此，为了更好地帮助入职教师度过入职期，学校应积极采取多种措施。

另外，根据爱利克·埃里克森的心理社会发展阶段论可知，成人早期是他们发展成为亲密友爱或孤僻疏远人际关系的重要时期。当初入职的教师进入一个全新的环境的时候，必然会感到陌生，如果不能顺利打破陌生感，与同事发展成一种亲密的同伴关系，无疑会在一定程度上影响他们今后的发展。笔者在前文对教师卓越发展的论述中也提到，教师之间的交流与协作是促进教师发展的一个有效途径，如果新入职的教师不能与其他教师构建一个良好的伙伴关系，势必会影响他们之间的交流与协作。因此，在教师的入职期，他们需要尽快与同事建立相互协作的伙伴关系，避免因为人际交往等问题限制自身的持续发展。

（二）入职期影响着初任教师的职业倾向

对于初入职教师而言，从学生变为教师是他们首先要面对的一个身份转变。作为学生，他们的职责是学习，在更多情况下，他们只需要对自己负责；而作为教师，他们的职责是教学，在更多情况下，他们要对学生负责。这样一种身份转变对很多新入职的教师而言都是一个严峻的挑战。另外，新入职的教师常常还需要面对"残酷的现实冲击"。比如，学生对待学习的态度并不像理想中那样积极，师生之间和谐的关系也不容易构建，与有经验教师之间的交流也并不通畅等。这些入职期间可能遇到的职业不适会在很大程度上影响教师的职业倾向。

在大学报考专业时，选择师范类专业的学生大多对从事教师职业怀有一定的憧憬，有些学生也许是因为调剂、分数等原因选择的师范类专业，但经过几年的学习，也初步认可了教师这一职业，所以他们大多对教师这一职业有着较大的倾向。虽然师范生在校期间需要参与实践实习，但与正式任教相比，仍旧存在一些差别，尤其是在心态上。当师范生正式走上教师岗位后，则需要完全担任起教师的角色，这样一些实习期不会出现的问题可能也会随之出现，如果新入职的教师不能快速地适应角色，很可能会对教师这一职业产生动摇，甚至有些教师在任教不久后就会选择离开。卓越教师培养是一项长期的工程，只有保证教师职业的持久性，才能够逐步培养出卓越教师，所以在教师入职初期，学校要给予教师较多的关注，帮助入职教师巩固职业倾向，尽可能降低教师的流失率。

（三）入职期是师范生内化教学理论的关键时期

师范生经过几年的理论学习之后，在理论知识的掌握上相对比较系统，再加上在校期间的一些实践实习，也能够初步将理论知识内化。入职之后，通过正式的教学，无疑能够将在校期间学习的理论知识进一步内化。教育教学是一种实践性较强的职业，尤其与学生的接触，是一种人与人的真实交流与互动，这些东西很难在理论学习中获得。其实，对于任何职业来说，入职期都是技能掌握的关键期，这也是初入职者成长最快的一个阶段，因为入职者通常具备系统的理论知识，而在入职期的实际操作中，入职者将系统的理论知识快速转化为技能，从而实现自身的快速发展。因此，学校要重视师范生的初入职阶段，帮助他们快速将理论知识内化为技能和素养，从而为他们后续的发展奠定坚实的基础。

二、加强我国教师入职教育的具体策略

（一）保证必要的经费投入

经费是教师入职教育顺利实施的保障，如果缺乏充足的经费，将会影响教师入职教育的效果，甚至很难付诸实施。因此，必要的经费投入是不可或缺的。关于经费的来源，《中小学教师继续教育规定》（以下简称《规定》）中明确指出："中小学教师继续教育经费以政府财政拨款为主，多渠道筹措，在地方教育事业费中专项列支。地方教育费附加应有一定比例用于义务教育阶段的教师培训。省、自治区、直辖市人民政府教育行政部门要制定中小学教师继续教育人均基本费用标准。中小学教师继续教育经费由县级及以上教育行政部门统一管理，不得截留或挪用。社会力量举办的中小学和其他教育机构教师的继续教育经费，由举办者自筹。"从《规定》的条文可知，公办学校的经费主要由政府负责，但同时还指出要"多渠道筹措"，所以学校应采取一些措施，增加教育经费的来源。

对于高校来说，因为其有一定的研发能力，所以可以通过产学研结合的方式筹措经费。比如，高校与企业合作，企业提供一定的经费，高校进行研

发，待研发取得一定的成果后，由企业将成果转化为产品，并进行销售，最后高校与企业按照比例分红。其可以积极争取校友和一些社会企业的捐赠。而为了鼓励社会企业和个人积极支持学校的教育事业，政府可以出台一些鼓励性的政策。对于筹措的经费，学校要建立完善的监管机制，确保筹措到的经费能够运用到学校教育中，进而保障教师入职教育落实到位。

（二）构建完善的教师入职教育管理体系

教师的入职教育通常由学校组织，而为了确保学校能够有效地组织教师的入职教育，政府教育部门可适当参与进来，对教师的入职教育进行指导，从而形成政府、学校、教师三位一体的入职教育管理体系，如图 6-2 所示。

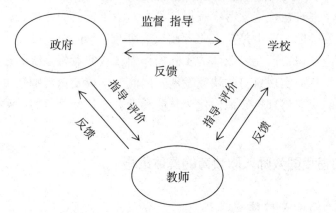

图 6-2　教师入职教育三位一体管理体系

（三）完善新入职教师的教学指导

教学指导就是传统的"师徒帮带"，这是目前很多学校，甚至很多职业都在使用的一种方式，也是非常有效的一种方式。当然，虽然这一形式目前被广泛使用，但在实际操作中，由于很多学校都是自发进行的，缺乏统一的制度，因此有时效果并不是十分理想。鉴于此，针对入职教师的教学指导，各学校应从制度方面做进一步的完善。

首先，学校应拟定具体的规定。目前，国家和学校都非常重视教师的继续教育，这是培养卓越教师的重要途径，但目前针对教师入职阶段的教育却没有系统的文件，这样便容易导致入职教育流于形式。为了提高教师入职教育的效率，帮助入职教师尽快度过这一阶段，学校可以针对入职教师的教学指导出台具体的规定。比如，在指导教师的选择上，要有明确的标准（包括经验、责任感、指导能力等），不能随意选择。另外，学校还可以成立"入职教师教育领导小组"，对入职教师的教学指导情况进行监督和指导。

其次，教学指导程序应规范。指导教师可以结合本校时间安排和入职教师的情况对指导活动进行灵活的安排，但这并不代表着指导教师可以随意而为，学校应对指导程序进行一定的规范。笔者通过参阅国内外有关资料，认为教学指导程序可遵循以下步骤：

第一，指导教师与入职教师做相互的了解。了解彼此的专业背景、性格特点、教育理念等，尤其指导教师要对入职教师做相对深入的了解，便于后续对入职教师进行指导。

第二，指导教师对入职教师的课堂教学情况进行观察和分析。课堂教学情况能够更加全面地反映入职教师存在的优点与问题，指导教师通过观察入职教师的课堂教学情况，对入职教师做更加深入和全面的分析，并做好详细的记录。

第三，指导教师在分析入职教师课堂教学情况之后，总结入职教师的优点与不足，然后对入职教师进行系统的指导，帮助入职教师确定哪些地方还需要改善和加强。

上述步骤的第二步和第三步是一个小循环，因为入职教师在任教初期通常都是一个不断进步、不断暴露问题的过程，当入职教师完成阶段性的发展之后，便可进入下一个阶段的小循环。

最后，学校应为教学指导提供必要的保障措施。为了确保指导教师有更多的精力投入对入职教师的指导中，学校应适当减少指导教师的工作量。与此同时，学校还应该给予指导教师适当的经济补助，因为指导教师大多是兼职，有自己的教学与科研任务，他们在兼顾自己工作的同时还需要指导入职教师，这对于他们来说属于额外的工作负担，所以学校应给他们提供一定的经济补偿。

（四）构建入职教师教育评价体制

教育评价是教育中的重要环节，具有鉴定、导向、诊断、激励等多种作用，入职教师教育作为一种教育形式，自然也不能缺少评价这一环节。针对入职教师的教育评价，笔者认为可以从以下两个层面着手：一是指导教师，二是入职教师。

1.指导教师的评价

完善入职教师教育的教学指导，可以在一定程度上规范指导教师的指导工作，除此之外，还可以通过构建评价机制的方式进一步约束和激励指导教师。在对指导教师进行评价时，不能仅仅以入职教师的教育结果作为评价标准，还需要综合考虑指导教师的责任感、指导的长效性等，这样才能尽可能保证评价结果的客观和公正。对于指导教师来说，要正确看待学校给出的评价，尤其要接受自身存在的问题，这也是一个自我成长的过程。

2. 入职教师的评价

对入职教师进行评价，一方面可以起到激励的作用，另一方面可以让入职教师更加全面地认识到自身存在的优势与不足。作为入职教师的指导教师，他们与入职教师的接触较多，是入职教师评价的第一主体，能够给出比较客观的评价，学校应重点参考指导教师的评价。另外，学生与入职教师的接触也较多，并且是受教育主体，对教师也具有一定的发言权，所以评价人员还应该主要收集学生的评价与意见。当然，对入职教师的评价不能仅仅停留在他人的话语上，评价人员还需要到课堂上进行考察，考察前不事先通知，避免教师呈现出来的是预先演练过的非典型行为，这样考察也便失去了意义。考察次数以两到三次为宜，综合考察结果，给出客观的评价。最后，综合上述几种评价途径的结果，对入职教师受教育情况得出结论，针对表现优异的教师，应给予一定的奖励，对于表现较差的教师，要予以敦促，甚至警告。

第二节　创新卓越教师培养模式

一、PDCA 循环培养模式

PDCA 循环培养模式包含了四个阶段：计划（Plan）、执行（Do）、检查（Check）、处理（Act）。之所以称为循环模式，是因为上述四个阶段并不是单向的，而是周而复始的循环，即在上一个循环中没有被解决的问题或者在上一个循环中发现的新的问题，会继续进入下一个循环中，如图 6-3 所示。

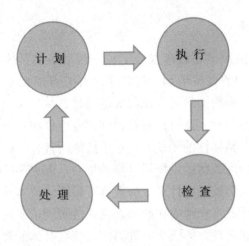

图 6-3　PDCA 循环培养模式示意图

（一）计划阶段

1. 明确发展定位

教师对一个学校的发展起着关键性的作用，很多学校也都非常重视教师的培养。然而，在实际的操作中，很多学校仅仅是将教师发展作为一个目标提出，并没有明确的发展定位，从而影响了教师培养计划的落实。通过笔者前文对卓越教师能力体系的分析不难看出，卓越教师需要具备综合性的素养，并且在各个方面都达到一定的高度，如果学校针对卓越教师的培养没有明确的发展定位，只是提出一个培养卓越教师的口号，其结果可想而知。因此，在计划阶段，学校首先要针对卓越教师培养做一个明确的发展定位，并针对该定位制订比较详细的计划，这是确保卓越教师培养计划落实的基础。

2. 协调资源配置

对于公立的学校来说，虽然政府会提供专门的教育经费，但整体而言，学校的资源是相对有限的，所以在落实卓越教师培养计划的过程中，有些学校会出现资源紧缺的情况，从而影响了计划的落实。为了尽可能避免这种情况的出现，在计划阶段，学校应对本校的资源进行统筹，然后结合学校的教育计划（包括卓越教师培养计划）对资源进行合理配置，从而使学校有限的资源发挥出最大的功效。在合理配置资源的同时，学校还可以拓展外部资源渠道，以此来增加学校的收入，这样可以进一步确保学校卓越教师培育经费投入的稳定性和持久性。

（二）执行阶段

该阶段通常是按照卓越教师发展定位和规划落实具体的策略。比如，有些学校为了便于教师的在校培训，构建了教师教育的校本课程。所谓校本课程，从狭义上讲就是为教师学习开设需要的科目，从广义上讲就是教师终身持续学习的一种过程。同时，这也是满足教师职业生涯中不同阶段不同需要的一种开放的、连续性、整体性的系统。① 对于教师而言，学校是其工作的主要场所，虽然学校有时会为教师提供校外进修的机会，但更多的教师更多的时间还是待在学校中，所以学校可以针对教师教育开展课时校本课程。从某种程度上来说，校本课程的开发将教师的在职培训真正落实到了实处，让教师在任教期间有更多可以接受继续教育的机会，进而使教师在具体的教学实践中不断地实现自我的完善。

此外，为确保执行的效率，在执行阶段，学校还需要加强指导与监督。比如，校本课程的开发是一项系统的工程，涉及的范围比较广，包括课程目标的制订、课程内容的选择、课程实施、课程评价等基本要素。为了确保校本课程的质量，学校应加强对校本课程开发的监督，使校本课程在促进教师卓越发展中真正发挥效用，而不是为了开发课程而开发。再如，针对卓越教师培养的资源配置，学校也应该加强监督，确保资源的利用率达到最大化，避免出现资源的浪费而影响卓越教师培养的效果。总之，执行是 PDCA 循环培养模式中的一个重要环节，只有有效的执行，计划才有意义，也才能在执行的过程中发现问题，并有针对性地改正问题，从而实现螺旋式地上升。

（三）检查阶段

该阶段的目的是检查实施方案是否达到了预期的目标。在执行阶段结束之后，需要确认目标是否达到，实施方案是否有效，而确认的途径就是对结果进行检查。在检查的过程中，要系统地采集资料和证据，并进行总结和分析，然后将完成的情况与预期的目标进行比较，以此来确定是否实现了目标。如果达到了预期的目标，或者与预期的目标相差不大，则证明实施方案的成功；如果没有达到预期的目标，则需要检查是否严格按照计划进行落实，如果确认按照实施方案严格地进行了落实，则说明实施方案存在问题，需要进行修正，如果发现和实施方案存在偏差，则需要进一步分析问题所在，确定是实施方案的问题还是实施过程中出现了问题。

---

① 覃川.教师发展学校的定位、特征及走向[J].人民教育，2006(10)：20-22.

（四）处理阶段

处理阶段就是解决问题的阶段。在检查阶段结束之后，针对存在的问题总结经验和教训，然后提出解决的策略。当然，在一个 PDCA 循环中很难将全部问题解决，遗留的问题将在下一个 PDCA 循环中进行解决，如此周而复始，呈现出螺旋上升的态势。

二、"U-G-S（U）"协同培养模式

"U-G-S（U）"协同培养模式是一种具有较高实用性和创新性的卓越教师培育模式。其中，"U"指大学（University），"G"指的是地方政府或地方教育行政单位（Government），"S"指的是中小学（School）。"U-G-S"这种模式主要针对中小学的卓越教师培育，如果针对大学卓越教师的培育，该模式则写成"U-G-U"，其中，两个"U"指的是两所大学，即其中一所大学的教师到另一所实力更强的大学去接受教育。"U-G-S（U）"协同培养模式就是要充分发挥政府、大学、中小学的作用，在三方的协同下（如图 6-4 所示），共同推动卓越教师的培养。

图 6-4　"U-G-S（U）"协同培养模式示意图

（一）"U-G-S（U）"协同培养模式的理论基础

1. 协同理论

协同理论是德国斯图加特大学教授、著名物理学家哈肯提出的，该理论是研究探讨社会和自然界各种系统的发展演变中所遵守的共同规律，其核心是指系统各要素间通过非线性相互作用而产生某种协同与竞争，从而推动系统的自组织不断演进。[①] 协同理论主要由协同效应原理、支配原理、自组织原理三

---

① 王霞.大学教育和社区教育的互动协同发展[M].北京：中国社会出版社，2019：73.

个基本原理组成，其中协同效应原理是该模式的主要原理。协同效应原理是指系统中的各要素之间通过关联运动产生协同效应，从而使系统达到有序或平衡的状态。在"U-G-S（U）"协同培养模式中，政府、大学、中小学属于社会系统中的要素，提供这些协同要素，可以进一步推动卓越教师培养的效率。

2.社会互动理论

社会互动是指社会上人与人、人与群体、群体与群体之间通过信息的传播，发生相互依赖性的社会交往活动。[1]简单来说，社会互动就是一种社会的相互作用，是在一定环境、情境下的行为的、心理的相互影响。社会互动最先是在心理学领域发展起来的，对丰富建构主义、人本主义等起到了非常积极的作用，并长期以合作、交换、竞争、冲突等形式存在。作为社会中的个体或群体，他们之间必然会产生互动，迁移到教育领域中，我们经常提及的合作学习、师生互动等便与互动理论有关。"U-G-S（U）"协同培养模式是以教育领域为基础，延伸到政府层面，通过不同群体间的互动，促进卓越教师培养效率的提高。

3.系统论

奥地利科学家贝塔朗菲指出："系统是处于一定相互联系中的、与环境发生关系的各种组成成分的总体，或者是'处于相互作用中的要素的复合体'，后者更具有普适性。"[2]简单来说，系统就是各种要素相互作用的复合体。由此观点衍生的系统论便是研究系统整体性、动态性、关联性、有序性和目的性的一种理论。由系统论可知，系统存在的各要素虽然是相互独立的，但并不是孤立的，各要素之间存在着相互的作用，并共同构成了整体。另外，就整体的功能而言，也并不是各要素功能的简单相加，而是符合 1+1＞2 的规律。在"U-G-S（U）"协同培养模式中，政府、高校、中小学便是系统中的要素，通过各要素之间的互动，可以实现 1+1+1＞3 的效果。

（二）"U-G-S（U）"协同培养模式实施策略

1.以理论研究引领实践探索

理论是实践的先导，在实施"U-G-S（U）"协同培养模式之前，需要对该模式进行理论性的探索。笔者通过查阅资料发现，目前关于"U-G-S"协同培养模式的研究并不少，但其针对的教师教育范围大多是师范教育阶段，

① 张芸.教师合作研究的社会互动支持系统设计与开发 [D].广州：华南师范大学，2007.
② 苗东升.系统科学大学讲稿 [M].北京：中国人民大学出版社，2007：14.

笔者提出的"U-G-S（U）"协同培养模式是"U-G-S"协同培养模式的进阶，即将教师教育的范畴延伸到在职教育阶段，且面对的教师包含大学、中学、小学各个阶段。虽然两种模式在内容上有所不同，但在理论指导上二者还是存在相似的地方，所以研究"U-G-S"协同培养模式的相关理论对于指导"U-G-S（U）"协同培养模式的实施也具有一定的指导作用。

此外，在实施"U-G-S（U）"协同培养模式之前，学校还需要结合当地教育情况以及本校实际的情况，分析实施该模式的可行性和可操作性。在此基础上，探索协同三方主体的对等性与实施该模式的可持续性，明确该模式实施的大致思路。在对"U-G-S（U）"协同培养模式实施可行性进行探索和验证的过程中，应对参与的三方进行多方的论证，同时植根于当前教师教育改革的背景，这样才能为卓越教师培养质量的提高奠定坚实的理论基础。

2. 以激励提高校方参与积极性

卓越教师培养计划是一项事关我国教育事业的重要举措，政府、学校各方都应该认识到自身的职责和义务，其所做的努力将会在很大程度上影响我国教育事业的发展。在政府、高校、中小学三方中，政府作为指导者，应充分发挥其领头羊的作用，站在战略高度上，针对"U-G-S（U）"协同培养模式的各方面事项进行规划，同时积极鼓励、支持和引导校方，在有需要的情况下，政府还可以制定一些促进三方合作的方案，并构建合作机制，这对于促进三方的深度协同能起到非常积极的作用。

对于教师而言，成长为卓越教师并非易事，需要教师做出长期的坚持和努力。在教师成长的过程中，相信每一位教师都是以成为卓越教师为目标的，但在实际的教学过程中，不可避免地会遇到一些挫折和问题，同时随着能力的提升，教师所承担的责任也在增加，而且当能力增长到一定水平后，很可能会处于停滞不前的状态，这时便容易产生懈怠感，并安于现状，参与教师教育活动的积极性也会相应地降低。为了提高教师参与教师教育的积极性，学校应采取一些激励性的措施，如晋升激励、表彰激励、奖金激励等，这种外部刺激可以作用于教师心理，并刺激教师重新调动参与教师教育活动的积极性，从而提高教师教育的有效性。

3. 以保障确保模式的落地

为确保"U-G-S（U）"协同培养模式的有效落地，还需要比较完善的保障体系支撑，具体涵盖政策、后勤和平台保障三个方面。

（1）政策保障。政策能够为卓越教师的培养提供必要的保障，尤其对于"U-G-S（U）"协同培养模式而言，需要多方的参与和协同，如果政府有明确的政策，便可以更加强有力地推动各方的执行。在上文笔者便提到了政府的领头羊作用，而除了发挥引导和激励的作用外，政府还可以出台一些政策，针对"U-G-S（U）"协同培养模式的落实做一些硬性的规定，从而进一步保障该模式的有效落地。

（2）后勤保障。"U-G-S（U）"协同培养模式涉及政府、高校、中小学三方，其中高校与中小学是教师教育的两个主体，无论是中小学教师到高校进修，还是高校教师到中小学为教师进行培训，都会涉及教师的流动，在教师流动过程中，学校要做好针对教师的后勤工作，比如合理安排教师的行程、保障教师的食宿，这样才能确保教师以饱满的状态参与到教师教育活动中。

（3）平台保障。卓越教师培养是一项长期的工程，"U-G-S（U）"协同培养模式也需要政府、高校、中小学的长期协作，在协作的过程中，为了方便三方的及时沟通，尤其为了方便学校与学校之间的交流，三方（尤其学校双方）应建立一些学习平台，如"微课展示平台""课程资源平台""教学实验平台"等。这样便可以打破空间和时间的限制，学校双方可以随时借助平台沟通，教师也可以借助平台随时随地地进行学习，这样可以极大提高协作的效率，进而促进卓越教师培养效率的提高。

第三节　培养教师终身发展能力

一、终身学习与学习型社会

（一）终身学习

何谓终身学习？终身学习的本质是什么？这是学术界目前仍在探讨的一个问题。其实，关于终身学习的理念，在我国古代便已经有学者提出，如孔子的"学而不已，阖棺乃止"，荀子的"学不可以已"，庄子的"吾生也有涯，而知也无涯"，等等。在西方，杜威是较早提出终身学习理念的学者，他认为，一个人离开学校之后，教育不应停止，教育的历程应该始终与个人的生命相连。那么，什么是终身学习呢？笔者查阅了国内关于研究终身学习的资料，发现不同的学者从不同的角度切入，对终身学习的界定也存在一定的差异。

吴咏诗是我国研究终身学习理念较早的学者，他在《终身学习——教育面向 21 世纪的重大发展》一文中指出："终身学习应该是一种社会行为，与其说它是一种教育概念，不如说它是一种生活方式。"① 吴咏诗对终身学习的界定超出了教育的范畴，他将学习与生活联系起来，认为学习应该是一件时时处处的学习行为。

宋全政等人将终身学习与终身教育联系起来，认为二者在内涵和特征上有相似性，并在《终身学习特点浅析》一文中指出："终身学习在时间上具有终身性的特点；而在空间（对象）上，它也是面向全体公民的，所以具有全民性的特征；至于终身学习要求学习机会既要在'纵的层面连贯'，又要有'横的点面交融'，这就要求学习者应在自己人生的各个阶段，自主地选择最适合自己的时间、地点和方法，以进行连续而有效的学习，由此终身学习又具有连续性的特点；不仅如此，又由于终身学习是对各种教育形式、各个教育阶段的'立体的多元整合'，因此终身学习反映在制度、渠道、方式等层面也应该是多元和弹性的。"②

李兴洲基于对学习开放性的认识，认为终身学习也应该是开放性的，他在《终身学习和终身教育之比较》一文中指出："学习活动应置于现代社会发展的大背景中，强调公平和平等的学习机会以及开放的系统，其目的是最终形成'教育（学习）社会化，社会教育（学习）化'的理想模式。"③

虽然不同学者对终身学习所下的定义不同，但通过分析和总结上述学者的论述，笔者归结出终身学习所具备的几点共同特征：

（1）终身学习具有自主性的特征；

（2）终身学习具有个性化的特征；

（3）终身学习强调了学校外学习的重要性；

（4）终身学习是一种有意识、有目的的学习活动。

（二）学习型社会

学习型社会是对现代社会发展特征的一种理论描述，是指在信息社会中，随着科学技术的迅速发展，信息与知识的急剧增长，知识更新的周期缩短，创新的频率加快，对人的素质的要求提高，人力资源的重要性增加，学习就成为个人、组织以及社会的迫切需要。学习型社会的概念最早是由美国学者罗伯特·哈钦斯于1968年首次提出的，他认为，学习型社会是未来社会发展的一种形态，而且在学习型社会中，终身教育是不可或缺的。

---

① 吴咏诗. 终身学习—教育面向21世纪的重大发展 [J]. 教育研究, 1995(12): 10-13, 9.

② 宋全政, 张宝芬, 张文绪. 终身学习特点浅析 [J]. 中国成人教育, 1998(3): 8.

③ 李兴洲. 终身学习和终身教育之比较 [J]. 中国成人教育, 1998(1): 17-18.

欧盟委员会在 2002 年 6 月发表的《欧洲终身学习品质指标报告书》中，基于对学习型社会以及终身学习能力的重要性的认识，指出了当代人需要具备的八种关键能力：

（1）算术与识字能力；

（2）数学、科学与技术的基本能力；

（3）外语能力；

（4）信息与计算机技术应用能力；

（5）学习如何学习的能力；

（6）社会能力；

（7）创业精神；

（8）大众文化。

此外，在国际 21 世纪教育委员会向联合国教科文组织提交的报告《教育——财富蕴藏其中》，指出了 21 世纪教育的四个支柱：

（1）学会认知（learning to know）；

（2）学会做事（learning to do）；

（3）学会共同生活（learning to live together）；

（4）学会发展（learning to be）。

四个"学会"进一步指出了学习的重要性，而在学习型社会中，由于知识在不断更迭，因此学习也便成了一件长期的事情，而非一件一劳永逸的事。

总而言之，现代社会已经进入一个学习型的社会，每个人只有不断地学习，不断地提升自我，才能适应社会的发展。对于卓越教师而言，对能力的要求很高，这就需要教师不断地进行自我学习，做到学无止境，才能朝着卓越教师的目标不断迈进。因此，在卓越教师培养计划中，培养教师的终身发展能力也至关重要。

二、培养教师终身发展能力的需求导向

培养教师的终身发展能力目的在于使教师能够在任教期间依旧保持学习的姿态，这样才能不断朝着卓越教师的目标迈进。深入剖析可以发现，卓越教师的提出是基于两种需求，一种是社会发展对教育的需求，另一种是教师个人发展对自我的需求，所以培养教师终身发展能力的需求导向也可以延伸到社会需求导向与个人需求导向两个层面。

（一）社会需求导向

教育是社会的组成要素之一，教育能够促进社会的发展，同时社会的发展也会引起教育的变革。如今，我们已经进入知识型社会，在知识的急速增长中，学习变得非常重要，所以现代社会也是学习型社会。学习型社会对教育必然会提出更高的要求。作为教育中的关键要素，教师的能力，尤其是终身发展能力便显得尤为重要。对于教师来说，终身发展能力是成长为卓越教师不可或缺的能力，教师需要具备这一能力，并在这一能力的支撑下不断地学习，不断地成长，最终才能成长为一名卓越教师，其关系大致如图 6-5 所示。

图 6-5　基于社会需求导向的教师终身发展能力关系图

（二）个人需求导向

笔者在查阅终身发展能力相关资料的过程中发现，终身发展能力与心理学的研究有着一定的联系。例如，发展心理学中关于人的心理发展有两种观点：一种观点认为，人的心理发展是基于行为或技能在数量上的增加，这种发展是渐进的、持续的；另一种观点则认为，人的心理发展是基于行为方式或思维方式的改组，是一种质的变化，而非量的变化。虽然上述两种观点基于的理念不同，但都指出了人的心理是在不断发展的。这种心理发展决定了人的发展也必然是持续的、终身的，所以对于人类而言，终身发展是一种天生的、内在的能力。当然，能力的成型不仅受内在因素的影响，还受外在因素的影响，而在人类成长的过程中，由于受到种种外在因素的影响，人的能力也随之出现了差异，包括终身发展能力上的差异。对于教师而言，他们通常具备比较丰富的知识储备，同时在思想上也比较活跃，这些对他们终身发展能力的成型都会产生积极的影响，所以教师在心理上对自我发展的需求通常比较强烈。

基于对心理发展的认知，我们可以做进一步的引申——心理超越，这是人类所具有的一种自我超越的意识。马斯洛在需求理论中从心理内部动机的角度分析了人所具有的超越意识。在上文，笔者针对马斯洛的需求层次理论做了简要的阐述，该理论指出了人从事各种活动的内部原因就是需求，而需求又可分为五个层次：生理需求、安全需求、归属和爱的需求、尊重需求、自我实现的需求。其中，自我实现的需求催生了人类的超越意识。马斯洛认为："自我实现者不仅都在行为中表现出相对的自发性，在内在的生活、思想、冲动等方面更有自发性。……他们独特的破旧立新以及自发性和自然性都是出于他们的冲动、思想和意识。"① 由此可见，人的内在需求造就了人类不断超越自我的现实。对于教师来说，卓越教师便属于一种自我超越和自我实现，而这种自我实现的需求会驱使教师不断地学习，不断地突破自我，最终实现其追求的目标。

三、培养教师终身发展能力的具体策略

从教师开始任教，到成长为卓越教师，中间通常需要经过较为漫长的时间，并且在学习型社会，知识在不断更迭，这就需要教师具备终身发展的能力，不故步自封，不断学习，不断提升自我，最终成长为卓越教师，并且在这之后，依旧保持学习的姿态。因此，针对在职教师，在对其进行必要培训的基础上，还需要培养他们的终身发展能力。具体来说，培养教师终身发展能力可以从以下几方面着手。

（一）培养教师终身学习的理念

在上文对教师个人能力发展需求的分析中，笔者指出了教师所具有的自我实现需求，但由于受外在因素的影响，教师自我实现需求的强烈程度也存在差异，而自我实现需求较低的教师，其终身发展能力也相应较低。因此，培养教师终身学习的理念，让教师认识到终身学习的重要性，是培养教师终身发展能力的第一步。当今社会处于快速发展的阶段，知识信息量几乎呈几何式的增长，如果教师故步自封，不去学习的新的知识，将无法跟上时代发展的步伐，也终将被时代发展的浪潮所吞没。此外，现代教育呈现出学科交叉的趋势，这就要求教师在了解本专业知识的基础上，还需要对相关的学科有所了解，做到"专精博学"。因此，教师需要不断学习，将教育事业看作终生的事业，并秉承"活到老，学到老"的理念，将终身学习看作是与教学、与生活息息相关的事情，从而在不断学习中实现卓越发展。

（二）构建终身学习的校园氛围

正所谓"蓬生麻中，不扶而直。白沙在涅，与之俱黑"，意思是蓬草长在麻地里，不用扶持也能挺立住，白沙混进了黑土里，就会变得跟黑土一样的黑。由此可见，环境对一个人的影响是不容忽视的。在对学生的教育中，我们常常强调要营造一个良好的学习氛围，让学生在这个氛围中受到良好的熏陶，

---

① 马斯洛.马斯洛人本哲学[M].成明，译.北京：九州出版社，2003：334.

从而起到潜移默化的作用。教师教育同样如此，要培养教师终身发展的能力，学校就需要站在教师整体发展的角度上，营造良好的校园学习氛围，从而使每一位教师都能够受到感染和熏陶。

在校园学习氛围的营造中，一方面学校可以从校园环境入手，比如打造一些诸如"学然后知不足，教然后知困""非学无以广才，非志无以成学""天行健，君子以自强不息"等有关的主题文化墙，这些文化墙不仅会对教师产生熏陶作用，还可以对学生产生积极的影响。另一方面，学校应重视学术氛围的营造。教学与研究是紧密联系的，教学是研究的基础与实践，而研究是教学的"源头活水"，如果教师只教学不研究，那么教学便失去了"源头活水"，失去了"灵魂"。我国著名的科学家钱伟长曾提道："教学没有科研做底蕴，就是一种没有观点的教育。"[1] 因此，为了鼓励教师积极参与教学研究，学校应重视学术氛围的营造，尤其要营造一个相对宽松和自由的学术氛围，为教师的教学研究与自由发展提供充足的空间。

（三）搭建教师学习的网络学习空间

教师终身发展能力的培养对应的是教师的终身学习，随着信息技术的发展，互联网为教师提供了更加广阔的学习空间，也为教师的终身学习带去了新的机遇。《教育信息化 2.0 行动计划》中提道，要积极推进"互联网＋教育"的发展。目前，基于信息技术发展起来的广义网络信息空间很多，如 MOOC 平台、学习管理平台、教育云服务平台等，这些平台的出现使教师的终身学习变得更容易实现（信息技术时代、广义网络学习空间、教学终身学习的关系图可参考图 6-6）。

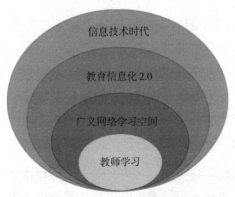

图 6-6 教师终身学习网络环境分析

---

[1] 钱伟长.钱伟长院士论教学与科研关系 [J]. 山西师大学报（社会科学版），2005(2)：117.

学校在利用广义网络信息空间的基础上，还需要结合本校实际搭建自身的教师网络学习平台。在网络学习平台搭建过程中，学校首先要加强物质投入，确保网络学习设备的多元广泛以及设备功能的健全。其次，学校应不断拓展和提高平台学习资源的数量与质量，确保学习内容的即时性与前沿性。最后，针对教师和受培训人员，学校应确保平台的开放性，教师可以随时、随地进入平台中进行学习。教师利用网络学习空间实现终身学习的大致流程可参考图 6-7。

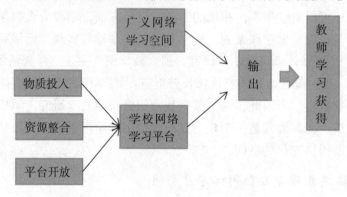

图 6-7　教师网络学习空间系统

第四节　完善卓越教师评价体系

一、传统评价体系存在的问题

评价作为教育体系中的重要组成部分，对促进教育质量的提高起着非常积极的作用。对于在职教师的继续教育而言，评价同样发挥着重要的作用，但传统的教师评价体系却存在着一些缺陷和问题，进而影响了在职教师继续教育的质量。具体而言，传统教师评价体系在评价的标准、内容、主体、方法等方面都存在单一化的问题。

（一）评价标准单一化

评价标准是指人们在评价活动（教育活动）中应用于对象（教师）的价值尺度和界限。针对在职教师的卓越教师培养，评价标准应该以卓越教师能力体系为基础，界定相应的价值尺度和界限，这样才能科学地指导在职教师的继续教育。但是，目前一些学校在确定评价标准时，常常以教学结果为最终指标，而能够直观呈现教师教学结果的是学生的考试成绩。不可否认，学生考试成绩可以在一定程度上反映教师的教学水平，但并不能作为评价教师的唯一标准，所以学校需要改变这种单一评价标准的模式。

（二）评价内容单一化

评价内容是基于评价标准展开的，在单一化评价标准的影响下，针对教师评价的内容也趋于单一化，即过多地关注教师的教学能力，而忽视了教师的其他能力。从前文笔者针对卓越教师能力体系的阐述可知，卓越教师需要具备综合性的素养，教学能力只是其能力体系中的一种，如果将教学能力作为教师能力的全部，显然与卓越教师培养的方向背道而驰了。

（三）评价主体单一化

在教师评价中，学校通常充当评价的主体，对在职教师培养的效果进行评价。这种单一主体的评价体系由于评价主体考察问题的方向比较局限，因此也会导致评价结果失去一定的客观性。虽然在组成评价小组时，学校会选择不同的人员，但依旧没有突破教育工作者的考察角度。另外，在以学校为主体的教学评价体系中，教师处于被动地位，教师的情感体验被忽视，容易使教师产生一种不被尊重之感，这同样不利于教师的卓越化发展。

（四）评价方法单一化

在传统的评价体系中，学校通常把教师评价等同于课堂观察，因为在针对在职教师的继续教育中，学校认为最直观、最有效的方式就是通过课堂观察去判断教师的成长情况。如前文所说，课堂教学确实可以在一定程度上反映教师能力的提升情况，但仅仅停留在课堂观察这一方法上，显然不利于全面、深入地了解教师，更不利于教师的卓越化发展。

二、卓越教师培养评价体系完善

针对传统卓越教师评价体系存在的问题，笔者认为可以从以下几点着手，对卓越教师评价体系进行完善，完善的思路如图 6-8 所示。

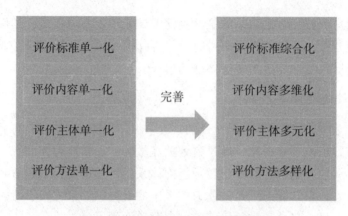

图6-8 卓越教师评价体系完善思路

（一）评价标准综合化与评价内容多维化

评价标准与评价内容是紧密联系的，内容是基于标准落实的，同时标准又是基于内容细化的，所以在本小节笔者将评价标准与评价内容综合到一起进行阐述。

在评价内容上，除了关注教师的教学外，还应该关注教师的职业道德、专业素养、学生管理与教学研究四个方面，相应的标准也是围绕这五个方面进行细化。

1.教师教学

针对教师教学，可以从课前准备、课堂流程、课堂生成、课堂效率几个方面展开，相应的赋值与标准见表6-1。

表6-1 教师教学评价标准

内 容	指 标	赋 值	标 准	得 分
教师教学	课前准备	5分	做好充分的课前准备，设计规范化的教案，教案内容应包括教学目标、内容分析、教学过程设计等	
	课堂生成	10分	在课堂教学中，教师有效地导入新课；在讲授新课时，采用了适宜的教学方法，能够有效地引导和启发学生；在时间允许的情况下，对本课内容进行总结，并进行适当的巩固练习	
	课堂效率	5分	学生能够基本理解和消化知识	

2.教师职业道德

针对教师职业道德，可以从教师职业热爱、专业热爱以及教师与学生、同事的关系处理四个方面展开，相应的赋值与标准见表 6-2。

表6-2 教师职业道德评价标准

内 容	指 标	赋 值	标 准	得 分
教师职业道德	职业热爱	5分	严谨治学、锐意创新、敬业奉献，遵守《中小学教师职业道德规范》	
	专业热爱	5分	具有强烈的专业自信与专业热情，能够立足本专业不断学习，掌握专业的前沿信息	
	师生关系	5分	师生之间能够相互尊重，对学生要仁爱关怀，平等对待每一位学生，做到诲人不倦	
	同事关系	5分	教师与教师之间要相互尊重、宽容理解、团结协作，共同为教育事业的发展贡献自己的一分力量	

3.教师专业素养

针对教师专业素养，可以从教师基本能力、知识结构、教育理念、教育能力、心理素质五个方面展开，相应的赋值与标准见表 6-3。

表6-3 教师专业素养评价标准

内 容	指 标	赋 值	标 准	得 分
教师专业素养	基本能力	5分	基本能力包括观察能力、口语表达能力、体语表达能力、书写能力，观察能力的要求是迅速果断、全面客观、细致深入；口语表达能力的要求是简明准确、通俗易懂、条例清晰；体语表达能力的要求是目光适宜、表情平和、举止得当；书写能力的要求是正确规范、美观大方、可以画简笔画	
	知识结构	5分	熟练掌握学科课程标准，具有完善的学段学科知识结构和良好的专业理论素养、具有校本课程开发、实施与评价能力	
	教育理念	5分	对现代教育理念（包括教师观和学生观）有深入的认知，能够不断学习新的教育理念，并能将其运用到教学中	
	教育能力	5分	具备了解学生、引导学生、评价学生的能力，能够通过自身的行为为学生做出表率	
	心理素质	5分	具备良好的心理素质和人格特征，能够对自我、对他人形成正确的认知，能够自我适应，包括对学校环境和社会环境的适应	

4.学生管理

针对学生管理，可以从教师的课堂调控、活动管理、课堂氛围营造三个方面展开，相应的赋值与标准见表 6-4。

表6-4 教师学生管理评价标准

内 容	指 标	赋 值	标 准	得 分
学生管理	课堂调控	5分	具备课堂调控的能力，能够确保课堂教学有序进行，对于课堂中发生的突发事件也能够有效地处理	
	活动管理	5分	无论是课内活动还是课外实践活动，都能够有效地组织和管理，确保活动有序、有效地进行	
	课堂氛围营造	5分	能够营造良好的课堂氛围，学生参与教学活动的积极性与热情较高	

5.教师教学研究

针对教学研究，可以从教师的问题研究与研究成果两个方面展开，相应的赋值与标准见表6-5。

表6-5　教师教学研究评价标准

内　容	指　标	赋　值	标　准	得　分
教师教学研究	问题研究	10分	善于思考教学中遇到的问题，并能将问题转变为研究课题，利用科学的方法进行研究，寻求解决问题的方法和路径，并将这种行为内化为工作的习惯	
	研究成果	10分	积极承担区、市、省、全国级别的课题研究，并按时通过验收；有县区级以上级别的教育教学文章发表；取得区级以上教育教学评优奖项及科研成果	

评价标准说明：

1.上述评价标准的总赋值为100分，将教师每一项所得的分值相加，便可以得出教师的总得分。

2.上述评价标准中的赋值属于一种量化评价，教师最终的得分并不能完全反映教师的能力，学校不能最终只以分数的形式体现对教师的评价，还需要结合质性评价的相关内容。

（二）评价主体多元化

在选择教师评价的主体时，除了学校管理者之外，还应该邀请教师身边的同事、学生、学生家长参与进来，同时也给教师提供自我评价的机会。相较于单一的评价主体而言，多元的评价主体能够从更多的角度对教师进行更加系统的评价，所以评价的结果也更加科学和客观。

1.同事评价

作为在一个办公室一起工作的同事，或者共同任教一个班级的教师而言，他们之间有着比较多的交流，彼此之间有一定的了解，可以充当教师评价的主体之一。另外，在对教师教学能力进行评价时，应该选择教授同一门课程的教师，他们对专业知识以及教学有着更为深入的认知，可以提出更专业的评价和建议。同事之间的相互评价，可以促进教师之间进行教学技能的讨论，同时可以实现相互学习，取长补短，从而促进教师整体教学水平的提升。

当然，同事评价也存在一些缺点和不足：一方面，在对教师日常行为、师德等方面的评价上，由于相识的教师之间存在人情关系，因此在评价上通常会倾向于正向的评价；另一方面，在对教师教学能力的评价上，评价教师并不是被评价教师教学的长期参与者与感受者，他们只是短期参与到被评价教师的教学过程中，所以其评价结果不可避免地存在片面性。其实，这也是为什么教师评价体系要向着评价主体多元化完善的一个原因，单一的主体无论是受客观因素影响还是受主观因素影响，其评价难免会出现片面性的情况，而多元的评价主体可以降低这种片面性，从而使最终的评价结果更加科学和客观。

2. 学生评价

在教学活动中，学生是直接的参与者，也是长期的参与者，他们能够直观地感受到教师教学的优点和不足，对教师的教学具有一定的发言权。与此同时，学生与教师的接触也较多，对教师的言行举止也有一定的感受，所以学生也是教师评价中不能忽视的主体之一。现代教育理念指出，学生是教学活动的主体，教学活动要围绕学生展开，以促进学生主体性的发展。通过在教师评价体系中引入学生这一主体，可以进一步提高教师的"学生主体"意识，促使教师在教学活动中尊重学生的主体地位，从而更好地体现人本主义的教育理念。目前，有些国家已经采取了学生评教的方式。例如，美国的大学在对教师的教学质量进行评价时，完全是依据学生对教师的评价而定的，所以各院、系在评定教师的教学效果以及决定教师的考核晋升方面，都会依据学生评教的结果，即无论是对教师进行业务考核，还是讨论其职称的评定晋升，在评议前，院、系都要提供近年来学生对该教师的评价材料，以此衡量其教学业绩的优劣。[①]

学生评教同样存在一些缺点和不足。一方面，由于学生身心发展还不成熟（中小学生体现得尤为明显），因此学生评教的能力相对有限。的确，在实际的操作中，针对一些比较专业性的说法（比如教师教学方法的使用情况，教师课堂组织情况等），学生往往表现出不理解，不知道该如何给出正确的评价，在这种情况下，学生更倾向于给出正向的评价。而对一些自己认知范围内的内容（如课堂氛围、教师行为举止等），学生的评价则能够表现出较高的效度。另一方面，对学生而言，教师是权威的象征，学生在心中对教师的评价大多是正向和积极的，即便处于叛逆期的学生，虽然在行为上会表现得比较叛逆，但在内心深处依旧对教师充满尊敬，这种"光环"效应也会影响学生评价的客观性。综合来看，学生评价通常会出现评价结果偏高的倾向，所以在参与学生评价的同时，还需要综合其他主体的评价，以此来弥补学生评价的不足。

---

① 王丽萍. 美国高校学生评教特点分析及启示 [J]. 美中教育评论，2005，2(10)：52-55.

3. 学生家长评价

学生家长虽然不直接参与到教育活动中，但作为学生的家长，他们也有权利参与到对教师的评价中，因此，学校可以定期设计一些线上问卷发送给学生家长，让学生家长针对教师的某些方面做出评价。在以问卷的形式征集学生家长评价建议时，要确保问卷的回收率达到90%以上，然后系统分析和整理学生家长的反馈。针对学生家长的反馈，学校除了将此作为评价教师的一个参考之外，还需要针对学生家长意见作出整改，并将整改的措施反馈给学生家长，这样可以提高学生家长对学校的认可度。

关于学生家长评教的问卷调查，可参考以下形式设计：

某某学校基于教师评价的学生家长调查问卷

调查对象：	调查日期：

　　1. 在您与孩子的交流中，是否发现教师有侮辱学生、体罚学生、变相体罚学生的现象？

　　A. 有　B. 没有　C. 偶尔有　D. 不清楚

　　2. 教师是否存在收受价值礼品.礼金或向家长索要礼品.礼金的现象？

　　A. 有　B. 没有　C. 偶尔有　D. 不清楚

　　3. 教师是否存在要求学生家长请客吃饭的现象？

　　A. 有　B. 没有　C. 偶尔有　D. 不清楚

　　4. 关于诲人不倦，您对教师的感觉是____？

　　A. 非常满意　B. 满意　C. 一般　D. 不满意

　　5. 关于为人师表，您对教师的感觉是____？

　　A. 非常满意　B. 满意　C. 一般　D. 不满意

　　6. 关于教师的教学，教师是否存在敷衍搪塞的现象？

　　A. 有　B. 没有　C. 偶尔有　D. 不清楚

　　7. 教师是否存在向学生推销课外书.推销收费学习软件的现象？

　　A. 有　B. 没有　C. 偶尔有　D. 不清楚

　　8. 教师是否存在以班会的名义额外向学生收费的现象？

　　A. 有　B. 没有　C. 偶尔有　D. 不清楚

　　9. 教师是否存在利用双休日、节假日补课并收取补课费的现象？

　　A. 有　B. 没有　C. 偶尔有　D. 不清楚

　　10. 您的意见和建议有哪些？

4.教师自我评价

上述几种评价视角都属于"他评"，是外部评价，教师自评则属于内部评价，是教师对自己的分析与认知，这也是教师评价体系中的重要组成部分。教师自评有助于教师对自己进行全方位的认知，这是教师促进自我提升，实现终身发展的一个重要途径。在前文对自我认知的分析中，笔者提到了"自我分析"这一方法，其中指出了"隐私我"的部分，这是自己知道、别人不知道的部分，属于个人隐藏起来不向他人展露的部分。对于"隐私我"，我们自己有深入的认知，所以能够针对"隐私我"中存在的不足进行改正和提高，这是其他人无法发觉和评价的。此外，通过增加教师自评的环节，教师可以从被动者的转变为主动参与者，这是重视教师情感体验的一种体现，能够激发教师发展的内在动因，对于促进教师发展，实现教师对自我完善的不懈追求具有非常积极的意义。

同前面提到的几种评价主体一样，教师自我评价也存在一定的局限性。首先，个体对自我的评价中包含很多主观因素，我们很难从自我中完全剥离出去，以一个"局外人"的视角去审视自我，所以教师的自我评价往往含有很多主观性的评价，其结果就是教师的自评结果偏高。其次，教师在自评时，通常会以周围的个体作为参考标准，但由于教师周围个体的水平存在差异，因此教师的自评也会存在偏差。最后，不同的教师对各种事物的认知不同，包括对同一指标的认知也可能存在差异，这就导致教师自评的结果也会出现相应的偏差。

总而言之，单一主体的评价由于观察的角度较窄，因此不可避免地会呈现片面性的特点，只有选择多个主体，从多个角度给予评价，才能确保教师评价的客观性和准确性，从而为教师的卓越发展指明前进的方向。

（三）评价方法多样化

在教师评价的诸多方法中，课堂观察法是最常用，也是比较直观的一种方法。除了课堂观察法之外，其实还有很多可以运用于教师评价的方法，如跟踪评价法、样本调查法、档案袋法等。在此，笔者主要介绍课堂观察法、跟踪评价法和样本调查法。

1.课堂观察法

教学是教师的主要任务，通过课堂观察可以比较直观地了解教师教学各方面的情况，如教材的使用，课堂氛围的营造，师生之间的互动等。因此，在教师评价的诸多方法中，课堂观察法是比较常用的一种方法。在选择课堂观察的小组成员时，为了尽可能使评价更加客观和全面，学校应组织不同的人员参与，除了学校管理者之外，还应该组织相同专业的教师参与，甚至可以邀请部分学生家长参与。当然，课堂观察是一种短期观察的方法，即只能选取几节课对教师教学进行观察，虽然几节课可以从一定程度上反映教师的教学情况，但并不能因此就盖棺定论，还需要结合其他渠道了解到的信息，才能做出最终的评价。课堂观察法更多时候用于对教师教学的评价，虽然也可以通过教师的言行举止对教师的其他素养做一定的评价，但也只局限于几节课中能够观察到的部分，不能代表全部。因此，还需要综合其他方法来弥补课堂观察法的不足。

2. 跟踪评价法

跟踪评价法是指在一个较长的时间段对教师进行长期的跟踪观察，了解教师的成长情况，然后给出相应的评价。跟踪评价法属于一种发展性评价，注重教师发展的过程，其目的在于促进教师实现不断发展。

跟踪性评价法属于发展性评价，具有特征：

（1）学校领导注重教师的未来发展；

（2）强调教师评价的真实性和准确性；

（3）注重教师的个人价值、伦理价值和专业价值；

（4）实施同事之间的教师评价；

（5）由评价者和评价对象配对，促进评价对象的未来发展；

（6）发挥全体教师的积极性；

（7）提高全体教师的参与意识和积极性；

（8）扩大交流渠道；

（9）评价制定者和评价对象认可评价计划，由评价双方共同承担实现发展目标的职责；

（10）注重长期的发展目标。[①]

对教师进行跟踪性评价时，可按照下列步骤进行：

①收集信息。信息是评价的重要依据，没有真实且充足的信息，评价也就容易出现错误，所以收集信息是对教师进行评价的一个重要环节，同时这也是对教师进行跟踪的目的所在。

②提供反馈。在信息收集完毕之后，评价者对信息进行系统地整理和分析，然后将分析的结果反馈给教师。在反馈信息的同时，为教师提供必要的指导，帮助教师改正其存在的缺点，并和教师共同制订今后的发展目标，针对目

---

① 王斌华.发展性教师评价制度[M].上海：华东师范大学出版社，1998：117.

标制定教师发展策略。

③教师改进。依据学校提供的反馈信息以及制定的发展策略，教师逐步落实，实现发展。而在教师改进的过程中，学校同步收集信息，继续进行跟踪评价，进入下一步循环。

由跟踪性评价的上述步骤可知，跟踪性评价的落实便是不断循环上述三个步骤，如图6-9所示，从而在三个步骤的循环中促进教师的不断发展，最终使教师成长为卓越教师。

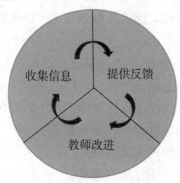

图6-9　跟踪性评价的步骤

3.样本调查法

在前文笔者已经指出，教师评价的主体应该是多元的，面对不同的主体，样本调查是一个了解不同主体意见的有效方法。样本调查法的核心在于收集到的信息，所以如何收集样本调查的问题至关重要。在设计调查问卷时，应针对不同的调查主体设计不同的问题，比如前文针对学生家长设计的调查问题。在此，笔者以学生为调查主体，设计调查问卷如下：

基于教师评价的学生调查问卷

评价教师：　　　　所教学科：

评价项目	内　容	评价			
		满意	比较满意	基本满意	不满意
师德	以身作则，尊重教师规范，遵守社会公德；语言文明，举止得当，衣着整洁，遵纪守法				
敬业	认真备课；上课不迟到、不早退，不无故缺课；认真批改作业；认真教导每一位学生				
关爱学生	评价学生客观、公正；对学生一视同仁，不歧视学习成绩较差的学生；不体罚或变相体罚学生；关注学生身心的健康发展				
业务能力	熟悉所教科目的专业知识；知识体系丰富，能够结合本专业知识进行延伸；教学水平高，能够深入浅出，重难点讲解透彻；课程受到学生欢迎				
廉洁从教	不以教师的身份谋私利，如推销学习资料、学习软件等，不违规补课并收取补课费用				
总体评价	满意	比较满意		基本满意	不满意
建议或意见					

　　上述几种教师评价的方法各有优点，在对教师进行评价时，应综合采用多种方法，实现对教师多角度、多层面的评价，从而用最客观、最全面的评价促进教师的卓越发展。

第七章　卓越教师团队建设

第一节　从个体到教师团队

一、教师团队发展的意义

正所谓"众人拾柴火焰高"，相较于教师个人而言，教师团队在很多方面能够发挥更大的作用，所以在卓越教师培养中，除了要培养卓越教师个体，还需要培养卓越教师团队。具体而言，卓越教师团队发展的意义体现在三个方面：有助于促进学校的发展、有助于促进学科的发展、有助于促进教师的发展。

（一）有助于促进学校的发展

教师团队对学校的发展有着非同寻常的意义：教研组的建设关键在于组内的教师；班级的建设关键在于班级教师团队。在教学研究中，有时教师面对的课题很难，单凭一个人的力量很难完成，这时就需要组建教研小组，一起攻坚克难。对于教研小组来说，并不是"1+1=2"的组合，而是"1+1=1"的组合，因为小组成员之间并不是相互割裂的，而是要形成一个整体，形成一个团队，做到优势互补、协调配合，这样才能收到"1+1 ＞ 2"的效果。而在班级建设中，一个班级会有不同学科教师带领，虽然教师所教学科不同，但他们有着共同的目标，就是促进学生的发展，建设一个优秀的班集体。为了实现这一目标，不同学科教师之间也需要相互协作，组建一个以班级为纽带的教师团队，并针对班级建设以及学生发展存在的问题相互讨论，共同探索解决问题的方法和策略，从而实现学生发展与班级建设的目标。

如果我们将学校比作一个大家庭，那么教师就是这个家庭中的成员，大家庭的建设需要成员之间协作共事，整体配合，做到有责人人担当。学校作为一个教育场所，整体氛围建设至关重要，而教师作为学校中的重要一员，在学校整体氛围的建设中也起着重要的作用。可以想象，如果一个学校的教师能够相互帮助、团结奉献，那么这个学校就会呈现出一种共同进步、共同发展的氛围；相反，如果一个学校的教师彼此孤立，只注重自己的利益，那么这个学校必然会呈现出分裂、斗争的氛围，这显然不利于学校的长远发展。因此，学校在注重教师个体培养的同时，也需要加强教师团队的建设，从而不断提升学校的凝聚力，进而提升学校的影响力。

（二）有助于促进学科的发展

教师团队建设对于促进学科的发展也起着非常重要的作用。作为工作在一线的教育工作者，教师们有着丰富的教育经验，对学科也有着深刻的认知，所以教师同时担任教学和研究的双重任务。教师可以通过开展教育研究，剖析学科发展中存在的问题，然后结合自身经验提出解决的策略，最终促进学科的发展。当然，在教学研究中，教师一个人的力量是有限的，如果只是一味地埋头单干，其效果有时很难达到理想的程度。教师个体只有融入团队，彼此协作，充分发挥自己的优势，才能取得事半功倍的效果，进而促进学科的发展。在我国，无论大学还是中小学，都设有教研组，而教研组在促进学科发展、提高教学质量、促进教师成长等方面发挥着非常积极的作用。

追求卓越的教师团队，需要加强团队文化的建设，让教师认识到个人力量的有限性，同时认识到团队力量的加和性，从而让更多的教师从"单兵作战"转向"团队作战"。当然，在"团队作战"的过程中，教师需要共同营造一个开放、民主、和谐的氛围，不能做权威和非权威的预设，不能构建不平等的关系，而是要秉承"三人行，必有我师"的理念，彼此平等交流、相互学习，在思想的碰撞中共同推动学科的发展。

（三）有助于促进教师的发展

教师团队建设对于促进教师的发展同样发挥着积极的作用。一方面，教师团队的建设能够影响教师之间交往的心理感受与效果。无论是在教学中，还是在教育研究中，教师都不是孤立的个体，而是需要沟通与合作。教师团队的建设有利于拉近教师之间的距离，这对于促进教师间的交流合作能够起到非常积极的作用。另一方面，教师团队这个小环境可以影响团队中的每一位教师。对于青年教师来说，从"新教师"成长为"卓越教师"，需要经过较长的时间，在这段时间中，青年教师需要不断学习。教师团队的建设，除了便于开展老带新之外，还给青年教师提供了更多向老教师学习的机会，所以对于促进青年教师的成长具有非常重要的意义。而对于一些老教师而言，当发展到一定阶段之后，会产生懈怠感，这种懈怠感会影响他们的进一步发展，但对于卓越教师来说，在时代发展的洪流中，稍稍的懈怠便可能会导致严重的后果。对于这样的教师，团队的氛围和力量能够帮助他们调整状态，因为团队有助于教师产生集体荣誉感和归属感，这种归属感和荣誉感可以消除教师的懈怠感，从而帮助这些教师度过职业生涯中的懈怠期。

对于卓越教师的塑造来说，团队是一片肥沃的土壤，为教师提供了发展的环境和"养料"。当然，团队中的教师本身也是土壤的一部分，他们在从其他教师身上吸取"养料"的同时，也为其他的教师提供"养料"，而在这种相互汲取与奉献的过程中，教师彼此之间的关系变得更加和谐，团队的合作理念也进一步深化，最终形成了良性的循环，不断促进着团队中的教师向着卓越化的方向发展。

二、教师团队的形态

教师团队的形态是指教师团队在学校环境中的分布状态和层级关系。从形态学的角度分析，学校教师团队的形态主要有水平形态和梯度形态两个维度。其中，水平形态主要包括四种类型：独立型、交叉型、开放型和包容型；梯度形态主要包括三种类型：基础层次、研究层次和创新层次，如图 7-1 所示。

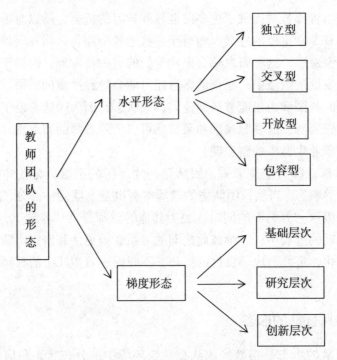

图 7-1　教师团队的形态

（一）教师团队的水平形态

1.独立型

独立型教师团队是从教师团队任务的角度定位的，该类型教师团队的任务通常非常明确，与其他教师团队没有任务上的交集。比如，英语教研组、语文教研组、数学教研组等，他们的任务就是针对其学科展开教研工作，不同学科之间不会产生交集。

2.交叉型

交叉型教师队伍是从教师参与成员的角度定位的，即该队伍中有着不同类型的教师。比如，某年级组的教师团队通常由不同学科教师、不同年龄段的教师组成，所以交叉型教师团队的交叉性有时也体现在学科的交叉与年级任务的交叉上。

3.开放型

开放型教师团队通常表现在校内教师与校外教师的联合上。我们在谈论教师团队时通常会将范围局限在本校范围内，而开放性教师团队突破了学校的范畴，这是教师团队发展的一个方向，因为通过不同学校之间教师的交流，可以融合不同学校的优势，从而进一步促进教师与学校的发展。

4.包容型

包容型教师团队如同数学中的集合，大的教师团队里包括了小的教师团队。其实，在一所学校中，通常都会存在一个大的教师团队，在此基础上，还会有更具针对性的小的教师团队，这样更加便于学校的管理，也便于进行精细化分工。

（二）教师团队的梯度形态

1.基础层次

教学是教师的主要任务，同时也是基础任务，所以基础层次的教师团队是站在教学的角度上定位的。除了教学之外，基础层次教师团队还负责学校指派的其他各项基础性任务，如组织必须开展的学生活动、定期举行例会、举行教师的业务学习和交流等。

2.研究层次

研究层次的教师团队是站在教研的角度上定位的，是一种以研究教育教学相关问题为指向的教师团队形态。研究层次的教师团队善于进行课题研究，他们能够以问题为导向产出研究成果，同时在研究过程中能够进一步发现问题，包括教师自身的问题，然后通过对新问题的研究，实现研究上的突破，同时促进教师团队的卓越化发展。

3.创新层次

创新层次的教师团队是指能够大胆进行教育改革、对当前教育教学进行质疑和批判的教师团队。创新层次的教师团队能够在教育理论的指导下对教学方法、教学模式等进行积极的探索，并分析当前教学方法、教学模式等存在的问题，同时分析实施新的教学方法的可行性，从而确保教学的质量，而不是盲目跟风，搞形式主义。

第二节　卓越教师团队的特征

一、卓越教师团队的一般特征

卓越教师团队的一般特征是指所有教师团队都具有的特征，不具有独特性，主要包括专业性特征、管理性特征和合作性特征三点，如图 7-2 所示。

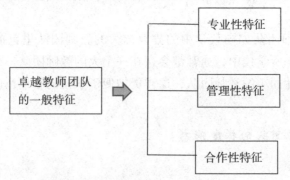

图 7-2　卓越教师团队的一般特征

（一）专业性特征

俗话说："给学生一碗水，教师首先要有一缸水。"教师作为学生的指路明灯，在知识上具有一定的专业性，由教师组成的教师团队同样具备专业性的特征。2018 年中共中央国务院印发的《关于全面深化新时代教师队伍建设改革的意见》中便明确指出，要建设高素质专业化的中小学教师队伍。卓越教师队伍的专业性特征主要体现在以下几个方面：

第一，教师团队通过专业化的学习掌握所教学科的知识体系，同时对本学科的核心素养有深刻的认知。

第二，在任教期间，教师团队需要不断学习与所教学科相关的新的知识，并且要将这一习惯贯彻教师的整个职业生涯。

第三，教师团队还需要掌握教学实践中需要用到的教育学知识、心理学知识等，并能够针对学生的身心发展特点以及个性特征因人而异地引导学生成长。

第四，教师团队能够投身于教学改革，并身先士卒地进行探索和创新，促使教师形成新的教育思想和教学方法。

总之，教师团队在教学相关的知识上呈现出专业性的特征，同时还需要不断地学习，从而进一步提升其专业性。

（二）管理性特征

教师团队不同于教师个人，为了确保团队发挥最大的效能，团队管理不可或缺。卓越教师团队的管理可以从以下两个方面展开：

1.学校对教师团队的管理

学校对教师团队的管理，其目的在于服务，并不在于管理。其实，从学校的功能定位看，学校就是为教师和学生服务的，针对学生和教师的需求提供各方面的帮助，从而更好地促进教师和学生的发展。当然，强调"服务化管理"的宗旨并不是对管理的全盘舍弃和否定，而是要以服务为根本，如果教师团队出现问题，学校依旧要采取相应的措施，甚至可以采取惩罚性的手段，以确保教师团队的健康发展。

2.教师团队的自我管理

教师团队的自我管理强调的是教师对自己的管理。在学生教育中，我们强调学生的自主性，要发挥学生的主体作用，在教师团队管理中同样要发教师的主体性作用，让教师进行自我管理。强调教师团队的自我管理是一种以人为本的体现，突出了学校对教师的尊重和信任，而教师在自我管理中也能够有更大的自由性，这无论是对教师个人还是对教师团队的发展都具有非常积极的作用。

（三）合作性特征

合作是团队的基本特征，因为团队就是把一个个分散的个体组织成一个群体，并通过个体的合作实现个体以及团队的发展。上文提到，通过团队的合作，个体的经验可以发挥更大的价值，能够起到很好的效果。关于这一点，周芬芬等人在《中小学教师团队合作的现状、问题与促进机制》一文中也曾提道："教师在实践中所积累的教学和管理经验是学校最重要的教育资源，也是学校最有价值的教育资产，其获得来之不易，应当发挥更大的作用，然而传统的学校管理技术使这些资源无法流通，没有发挥其应有的价值。"[①] 而教师团队的存在使得团队成员通过合作将其个人的价值进一步放大。另外，教师的团队合作还营造了教师之间紧密联系、荣辱与共的氛围，提升了教师团队的凝聚力。

二、卓越教师团队的超越性特征

卓越教师团队的超越性特征是相对普通教师团队而言的，即在一些特征上，卓越教师团队比普通教师团队表现得更加突出，主要包括先进的教育理

---

① 周芬芬，梁爱萍，王利君.中小学教师团队合作的现状、问题与促进机制[J].教育理论与实践，2016，36(10)：44-47.

念、优质的教学能力、出色的科研能力三点，如图 7-3 所示。

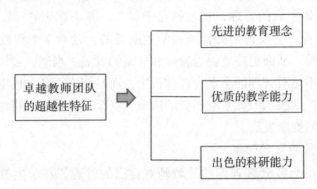

图 7-3　卓越教师团队的超越性特征

（一）先进的教育理念

教学行为是教学理念的外在显现，出色的教学能力一定有优秀的教育理念做支撑。在知识型社会，教育理念在不断更新，同普通教师团队相比，卓越教师团队对新的教育理念的接受更快，理解也更加深刻，所以卓越教师团队通常在教育理念上呈现出先进性的特征。其实，卓越教师团队之所以能够更快地接受新的教育理念，一个重要的原因是卓越教师团队对教育的本质理解得更加透彻，能够更加快速地甄别出哪些新的教育理念对学生的发展更加有益，并将其应用在教学实践之中。在实践的应用中，卓越教师团队通过彼此经验的交流，总结出适合当前学情的教学模式，从而在先进教育理念的指导下进一步提高教学质量。

（二）优质的教学能力

优质的教学能力也是卓越教师团队的一个重要特征。在对教师能力进行评判时，教学能力往往是人们最关心的一种能力，所以很多人将优质的教学能力看作是卓越教师团队的核心特征。但在笔者看来，教学能力只是教师能力的组成部分，所以在此仅仅把优质的教学能力看作是卓越教师团队的重要特征之一。卓越教师团队优质的教学能力体现在教学的每一个环节。比如，在教学设计环节，卓越教师团队需要明确每一堂课的育人价值，做到"一体""适切""可评"。"一体"是指价值观教育必须与知识和技能教学进行一体化设计，使价值观教育内生于课堂教学内容；"适切"是指要抓住课堂教学的关键点或道德教育的生长点，使价值观教育要求与学生当下的思想道德建构需求相吻合，与本学科对学生价值的引导和影响相吻合；"可评"是指通过课堂教学中的观察，诊断课堂的教学效果，然后有针对性地做出改善，从而使课堂教学不断完善，教学质量不断提高。

（三）出色的科研能力

教学与科研是教师的两个主要任务，对于卓越教师团队而言，除了在教学能力上呈现出优质的特征之外，在科研能力上也同样出众。当然，科研并不是一件简单的事，也不是一蹴而就的事，需要教师具备一定的科研能力。对于卓越教师团队来说，出色的科研能力是确保他们完成科研任务的重要保障。具体而言，卓越教师团队出色的科研能力主要体现在两个方面：

第一，卓越教师团队具备搜集资料、分析资料、分析问题、整合问题等诸多方面的能力，同时还需要具备锲而不舍、敢于从头再来的精神，因为科研存在失败的可能性，而失败并不能打消卓越教师团队科研的决心和信心，反而会让他们在失败中学会更多。

第二，科研的显性成果——论文或著作的撰写也不是一件简单的事情，需要教师能够运用简明的语言将研究的成果以文字的形式比较直观地呈现出来。在撰写论文或著作时，卓越教师团队能达到文字表达准确、逻辑思路清晰等要求。其实，在科研时，如果教师能够确保研究的目标明确、研究的思路清晰、研究的过程完整、研究的成果真实，论文或著作撰写的难度便会大大降低。而通过撰写论文或著作，卓越教师团队的科研研究成果可以让更多的教师看到，这对于促进其他教师的发展以及教育事业的发展具有非常重要的意义。

第三节 卓越教师团队的构成

卓越教师团队的构成是多元的，不同的学校、不同的教育阶段，卓越教师团队的构成也存在一些差异，但综合教育对学生能力培养的指向看，卓越教师团队基本由德育教师团队、课程建设团队、人文教育团队、科创指导团队和社团指导团队构成，如图7-4所示。

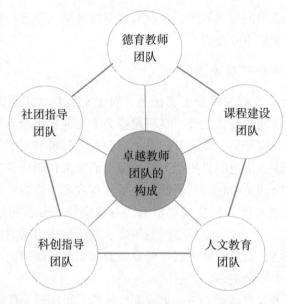

图 7-4　卓越教师团队的基本构成

一、德育教师团队

现代教育强调学生"德、智、体、美、劳"的全面发展，德育教师团队指向的便是学生"德"的发展。道德品质是一个人发展的核心，学生阶段是道德品质构建的关键时期，学校应高度重视学生道德品质的培育。德育是一项复杂的工程，可以渗透到任何一门学科的教学中，也可以渗透到实践活动中，所以德育教师团队的成员应该包含各个学科的教师。其实，无论在大中小学的任何阶段，学校都有思想道德课程，该课程的目的就是培养学生的道德品质，但学生道德品质的培育不能完全依赖该课程，而是要能够渗透到日常的学科教学中，所以德育教师团队的一个作用就是要探索德育与教学有机融合的途径。此外，德育教师团队还可以构建德育课程体系，该体系可分为三大系列和三大板块，三大系列包括人格养成系列、文化拓展系列、爱国教育系列，三大板块包括学科德育板块、德育专题板块、德育实践活动板块。通过课程体系的构建，可使学生的德育工作变得更加系统，进而提高学生德育工作的效率。

二、课程建设团队

课程建设团队主要针对教学课程的建设。在课程改革的大背景下，结合现代教育理念与社会发展需求，对教学课程进行改革是大势所趋，课程建设教师团队的一个任务就要结合本校的实际情况，探索课程改革的方向，构建更加适合本校的课程体系。针对学科课程建设，课程建设教师团队主要是由同一学科的教师组成。其实，无论是否处在课程改革的大背景下，课程建设都是学校发展的一个常态，因为社会在不断发展，对教育的要求也在不断发生着变化，教师的教学不能与社会脱节，所以课程建设是教师团队的一个常态化工作。除针对学科进行课程建设外，学校还需要针对其他方面做一些课程建设，比如前面提到的德育课程，所以课程建设教师团队有时也由不同学科的教师组成。在学生教育中，虽然学科教学仍旧占据主要地位，但现代教育理念强调的学生发展是全面发展，所以课程建设不再局限于学科教学，而是指向学生的全面发展，从而为学生提供良好的课程环境。

三、人文教育团队

人文是与天文相对的一种概念，是指区别于自然现象及其规律的人间世事、习俗人情、礼乐教化等。[①] 人文学科包括文学、历史、艺术、哲学等，人文学科是人文教育中的重要组成部分，但学校所开展的人文教育并不仅限于人文学科教育，所有以培养学生人文素养为目标的教育都可以称为人文教育。人文教育是教育中的重要组成部分，与科学教育探索客观现实规律的目标不同，人文教育重视学生人文素养的培育，前者重"理"，后者重"情"。通过人文教育，学生不断加深对人文的理解，并在此基础上实践做人之道。一个完整的人必然是一个同时具备理性思考与人文关怀的人。人文教育教师团队指向的就是学生人文素养的发展，他们的组成成员主要是人文学科的教师，成员教师在尊重本学科教学的基础上，通过彼此之间的交流和探索，打通语文、历史、政治、艺术等学科的壁垒，构建多学科交叉的课程，同时定期推举成员中的某一位教师围绕某个人文主题开展系列讲座，这样不仅有助于提升学生的人文修养，还能够促进教师的发展。

四、科创指导团队

创新能力是现代教育非常重视的一种能力，越来越多的学校开始重视学生创新能力的培养。科研指导团队指向的便是学生创新能力的发展。关于创新能力和教育的关系，在《中共中央、国务院关于深化教育改革全面推进素质教育的决定》中已经说得很清楚，不是创新教育离开素质教育另起炉灶，另搞一

---

① 邢永富.现代教育思想[M].北京：中央广播电视大学出版社，2001：122.

套，而是素质教育要以培养学生的创新精神和实践能力为重点。由此可见，学生创新能力的培养是素质教育的灵魂与核心，同时也是素质教育深化的一个"抓手"。创新教育是融入课程教学中的一种教育，所以科创指导教师团队的成员组成也来自各个学科，他们根据自己学科的特点，结合以往创新人才发展的特点与规律的调查，探索学生创新能力培养的思路和路径，从而让学生在学习知识的同时，能够获得创新能力的提升。

五、社团指导团队

学生社团是指学生自发组成的各种群众性艺术、文化、学术团体，不分科系、年级，多见于中等学校和高等学校。学生社团中的学生在完成学习任务的基础上开展各种活动，不仅能够起到锻炼学生能力、丰富学生课余生活的作用，同时还可以活跃校园的氛围。社团的建设是强有力的群体力量，处于社团之中的学生，在社团的成立、发展过程中，关注身边的人、事、物，形成群体团队意识，促进学生在踏入社会前，在校园生活中体验与他人的交往和联系，为他们成为"卓然独立"的精英人才打下扎实的基础。学校应给予社团充分的自由，但为了更好地促进社团的发展，学校可从卓越教师中挑选指导能力较强的教师，构成社团指导团队，在学生社团有需要的时候，对学生进行必要的指导。在对学生进行指导时，教师可以以"同伴"的身份融入其中，和学生一起交流，倾听学生的意见，然后结合学生想法给出相应的建议。在学生社团组织活动时，教师也可以参与其中，与学生共同展示社团的成果和风貌。

第四节　卓越教师团队建设的策略

一、卓越教师团队建设的基本策略

（一）以课程改革发展为宏观指导

在 2000 年前后，我国教育部提出要实施素质教育，教育教学改革的序幕就此拉开。经过十几年的教育改革实践，我国教育改革逐渐深化，并取得了一定的成果。2016 年，教育部又组织专家对课程标准进行修订，并发布了"中国学生发展核心素养"总体框架，以"立德树人"为根本任务，继续深化教育改革。在此背景下，教师队伍建设也相应地面临了新的要求，尤其是 2018 年颁布的《关于全面深化新时代教师队伍建设改革的意见》，明确提出了教师队伍建设的要求。卓越教师队伍建设是教师队伍建设的组成部分，同样要以国家教育改革的方向为目标导向，顺应新课改的理念。与此同时，学校要充分发挥卓越教师团队的能力优势，积极对课程改革展开探索，使他们成为学校课程改革的开路者，从而推动课程改革的进一步深化。

（二）加强国际交流，借鉴国际经验

正所谓"他山之石，可以攻玉"，关于卓越教师团队建设，国际上很多学校都在进行探索，有些学校已经取得了成果。虽然我国与其他国家国情不同，并且学校与学校之间也存在差异，但就教育的目标而言是一致的，所以其中也存在很多可以借鉴和参考的地方。基于这一认识，学校应打开视野，放眼国际社会，加强与其他国家学校的交流，彼此交流经验和成果，实现双赢。在具体操作中，学校可以每年选派 3-5 名教师出国交流经验，交流时间依实际情况而定，可两到三周，也可长达数月，甚至一年。通过与国外学校建立交流合作关系，不仅可以学习国外先进的经验，用于指导本校卓越教师团队的建设，同时还可以激发教师的专业发展动力，可谓一举两得。

（三）建立合作伙伴，助推团队建设

在合作关系的建立上，在放眼国外的同时，还需要聚焦国内，尤其聚焦当地的学校。相较于国外学校而言，当地学校在地理位置上更加便利，而且文化、经济等各方面的差异也相对较小，这些都为合作奠定了基础。因此，同一个地区的学校之间可以建立合作伙伴的关系，共享教育资源，同时共享教育经验以及教师团队建设经验。为了便于合作学校的交流，除了采取常规的方式之外，合作学校还可以共同搭建一个网络信息交流与分享平台，借助这一平台，可以大大提高各校之间交流的效率。总之，针对卓越教师团队的建设，不能单纯依靠本校这一"单引擎"，而是要加强与其他学校的合作，变"单引擎"为"双引擎"甚至"多引擎"，从而助推卓越教师团队的建设。

上述三个基本策略是立足所有学校共同需求的基础上提出的，适用于每一所学校，在此基础上，学校还应结合本校实际情况探索卓越教师团队建设的校本路径。

二、卓越教师团队建设的校本路径

（一）结合学校发展做好规划

卓越教师团队建设是一项长期的工程，学校需要做好长期的规划，并在结合学校发展的基础上，将长期规划分成数个短期规划，然后通过实现一个个的短期规划，最终实现卓越教师团队建设的目标。当然，卓越教师团队建设是建立在学校发展的基础之上的，所以在制订卓越教师团队建设规划时，需要充分分析学校的发展情况。

通常情况下，学校可以以 3-5 年作为一个长期的发展阶段，将卓越教师团队的建设纳入学校建设的目标与计划之中。在规划具体内容时，需要包括基础分析、指导思想、发展目标、任务与举措、保障措施。基础分析指对教师现状以及教师工作情况进行分析，包括师资队伍建设情况、研修组织建设情况、课程建设与情况等；指导思想指卓越教师队伍建设的理论与思想指导；发展目标指卓越教师团队建设的基本目标，包括总目标与分目标；任务与举措是指针对卓越教师团队建设制定的任务与举措，包括年级组、教研组及青年教师等团队的常规任务与特殊任务、长期任务与短期任务；保障措施是指为卓越教师团队建设提供的保障措施，包括组织保障、制度保障、经费保障等。总之，卓越教师团队的建设要与学校的发展相协调，这样才能实现教师与学校的同步发展。

（二）构建完善的管理制度

卓越教师团队的建设离不开有效的管理，所以学校需要结合本校实际情况构建完善的管理制度。关于卓越教师团队管理的制度建设，可以从学校管理与教师自我管理两方面着手，相关内容在本章第一节已经有所论述，不再赘述。

（三）以项目引领卓越教师团队建设

在学校发展的过程中，常常会推出一些发展项目，这些项目对学校的发展具有重要的意义。例如，针对课堂教学方面，学校可能会推出"课堂教学改进"项目；针对教育技术方面，学校可能会推出"推进教育技术"项目，等等。针对学校提出的项目，往往需要教师以团队的形式参与，而卓越教师团队便是教师团队中的重要力量。在前文对卓越教师团队的分析中，笔者强调了卓越教师团队合作性的特征，而合作需要在实践中强化。学校项目的提出为卓越教师的合作提供了更多的机会，教师彼此之间围绕项目展开交流，相互分享自己的见解。随着项目的推进，团队内教师的合作也在逐步深入，教师的团队荣誉感也会随之提升，这对于促进卓越教师团队的建设无疑起到了非常积极的作用。

参考文献

[1] 钟发全.卓越教师的理性成长[M].北京：新华出版社，2018.

[2] 王利琳，项红专，蒋永贵，等.卓越教师培养的探索与实践[M].杭州：浙江大学出版社，2018.

[3] 郑林.历史学科卓越教师培养模式探索[M].北京：商务印书馆，2019.

[4] 温晓琼，唐娟，黄艳.职业院校卓越教师精准培育研究[M].北京：中国纺织出版社有限公司，2019.

[5] 钟发全，谢芝玥.课程力：成就卓越教师[M].福州：福建教育出版社，2017.

[6] 谢芝玥，钟发全.卓越教师的专业修炼[M].福州：福建教育出版社，2014.

[7] 王蓓蓓，赖游，罗钧梅.高校音乐教育与"卓越教师"培养研究[M].北京：世界图书出版公司，2018.

[8] 李文翎.卓越教师培养的模式与实施探索[M].广州：广东人民出版社，2018.

[9] 喻红.卓越培养：卓越教师人才培养理论与实践研究[M].长春：吉林人民出版社，2019.

[10]徐世贵.卓越教师成长之路[M].北京：开明出版社，2015.

[11]钟发全.卓越教师的发展"图谱"：教师职场的精进之路[M].福州：福建教育出版社，2019.

[12]翟应增.卓越教师的语言修养[M].昆明：云南大学出版社，2014.

[13]彭兴顺.做卓越的教师[M].天津：天津教育出版社，2014.

[14]谭军，彭军.校地联合培养卓越教师的改革实践研究[M].长春：东北师范大学出版社，2018.

[15]于漪.卓越教师第一课——于漪谈教师素养[M].长春：东北师范大学出版社，2015.

[16]李斐.教育生态视角下的卓越幼儿教师培养策略探索[J].现代职业教育，2021(32)：38—39.

[17]朱旭东，廖伟，靳伟，刘淼.论卓越教师培训课程的构建[J].课程·教材·教法，2021，41(8)：23—31.

[18]贾彩梅.卓越教师成长培养之我见[J].甘肃教育研究，2021(3)：34—37.

[19]陈丽虹.基于BICS理念的拔尖创新人才培养范式框架构建——以英语卓越教师为例[J].黑龙江教师发展学院学报，2021，40(8)：14—16.

[20]涂远娜，张泽慧.卓越幼师背景下的学前教育专业艺术核心技能培养的路径研究[J].戏剧之家，2021(21)：182—183.

[21]吴海鹏.“三教”改革背景下职业学校教师专业发展的现实路径[J].课堂内外（高中版），2021(27)：38—39.

[22]邓锦涛.路在何方：全科教师培养的趋势展望[J].教书育人（高教论坛），2021(21)：26—28.

[23]姜敏.沟通理性下的卓越语文教师研究[J].教育观察，2021，10(27)：7—9.

[24]陈红梅.卓越教师培养视角下“案例驱动—任务导向”型教学模式在学科教学论课程中的应用[J].西北成人教育学院学报，2021(4)：59—62，112.

[25]张淑满，王清风.卓越男幼儿师范生“政校园”融合培养的探索——以X高校为例[J].辽宁高职学报，2021，23(7)：105—108.

[26]李青.可持续发展视域下地方本科院校对中小学卓越教师培养的实例分析[J].就业与保障，2021(13)：152—153.

[27]韩晓霞.困境与突破：对卓越教师研究能力培养的思考[J].现代教育科学，2021(4)：85—89，96.

[28]向丹.高师院校卓越教师信息化教学能力培养路径研究[J].科学咨询（教育科研），2021(8)：13—15.

[29]郑磊.地方本科院校培养卓越小学语文教师对策研究[J].大学，2021(26)：105—107.

[30]冯展极，马静.反思与创新：新时代卓越教师培养路径探析[J].大庆师范学院学报，2021，41(4)：114—121.

[31]祝顺琴，刘万宏，刘堰，等.基于培养卓越教师的生物化学课程思政的探索与实践[J].生命的化学，2021，41(7)：1431—1436.

[32]刘海兰，郗盛兰.卓越教师“U-G-S”协同培养机制的挑战与应对——基于组织惯性视角的分析[J].教育导刊，2021(9)：88—96.

[33]卫宁.构建幼儿教师师德职前培育体系的思考——基于卓越教师培养计划2.0背景下[J].豫章师范学院学报，2021，36(3)：56—60.

[34]周亚南，竺丽英.基于NVivo的卓越化学教师课堂教学创新能力评价——以东芝杯教学技能创新大赛为例[J].化学教育（中英文），2021，42(17)：70—75.

[35] 雷小青 . 卓越教师培养背景下《教师语言》课程教学改革研究——基于 SPOC 的混合式教学 [J]. 中国多媒体与网络教学学报（上旬刊），2021(9)：160—163.

[36] 彭艳贵，徐伟，王鹤颖 . 卓越中学数学教师的内涵与培养路径 [J]. 鞍山师范学院学报，2021，23(4)：17—22.

[37] 彭上观，赵艺，林天伦，等 . 卓越教师师范技能养成体系的实践与探索——以华南师范大学为例 [J]. 吉林省教育学院学报，2021，37(8)：124—127.

[38] 汤红娟，徐波 . "三全育人"视域下卓越英语师范生培养模式创新与实践 [J]. 山东外语教学，2021，42(4)：74—84.

[39] 闫江涛 . 论卓越教师培养指向的小学教育专业理性化实践教学体系 [J]. 平顶山学院学报，2021，36(3)：102—107.

[40] 吴国萍 . 基于卓越教师培养的师范生教学技能训练体系研究 [J]. 教师，2021(23)：113—114.

[41] 钟玮 . 乡村卓越教师"U—G—S"协同育人平台探索与实践 [J]. 高教论坛，2021(6)：42—45.

[42] 马楠楠 . 乡村卓越教师的师德培育 [J]. 阜阳职业技术学院学报，2021，32(2)：12—13.

[43] 郭姗，鄢超云 . 从"虚实嫁接"到"理实一体"——虚拟仿真技术在卓越幼儿园教师培养中的应用 [J]. 陕西学前师范学院学报，2021，37(6)：72—79.

[44] 郭翠菊 . 中小学与师范院校合作伙伴关系构建的共享意图 [J]. 安阳师范学院学报，2021(3)：133—138.

[45] 郭永华 . 基于教师教育知识视角的卓越教师培养路径探究 [J]. 教师教育论坛，2021，34(6)：36—39.

[46] 唐旭 . 师范院校卓越教师培养之困与突围之道 [J]. 当代教师教育，2021，14(2)：53—58.

[47] 曾文婕，阮婷婷 . 大学教学改革何以促进深度学习——基于卓越小学教师培养的探索 [J]. 当代教师教育，2021，14(2)：78—84.

[48] 秦建平，李迎春 . 卓越教师教学行为特征——基于中美英澳日法六国优秀教师标准的共性分析 [J]. 上海教师，2021(2)：40—51.

[49] 李冬梅，曹春梅 . 突破师资培养瓶颈，助力卓越教师成长——《教育家》杂志线上圆桌论坛实录 [J]. 教育家，2021(22)：62—65，61.

[50] 熊杰，潘世峰 . 以研促训，教师培训中科研实践的融通 [J]. 福建教育，

2021(23)：11，35．

[51]张嫚嫚，周安．乡村卓越教师核心素养的培育[J]．阜阳职业技术学院学报，2021，32(3)：45—47．

[52]林媚珍，陈玉林，张见圣，等．卓越教师视角下专硕校外导师队伍建设研究——以广州大学全日制教育硕士点为例[J]．大学教育，2021(6)：192—194，198．

[53]胡春光．为乡村教育输送优秀全科教师的困境与出路[J]．中国民族教育，2021(6)：21—23．

[54]张志泉，禹红妹．小学语文卓越师范生高质量培养及其增值性评价研究[J]．汉字文化，2021(15)：103—104．

[55]马翠，程岭．基于名师资源培养高校师范生的价值意蕴与实践路径[J]．教育观察，2021，10(29)：90—93．

[56]耿彦峰，张宇，李莉．高师院校"三位一体"协同育人机制的探索与实践——以忻州师范学院数学系为例[J]．教育教学论坛，2021(21)：9—12．

[57]张辉蓉，毋靖雨．融合STEAM教育理念的职前教师人才培养模式改革[J]．西南大学学报(社会科学版)，2021，47(2)：118—127．

[58]谢山莉．卓越小学全科教师内涵意蕴、价值诉求与素质结构探析——基于课程整合的视角[J]．教育观察，2021，10(19)：62—64．

[59]刘玉凤，戈秀兰．基于卓越教师培养的师范生创新实践共同体建设研究[J]．吉林广播电视大学学报，2021(3)：73—75．

[60]赵永斌，郝亚南，易国栋，等．教师资格考试与卓越教师培养协同发展策略[J]．教师，2021(14)：75—76．

[61]景佳梅."四有"标准引领下的教师队伍建设的校本化实践[J]．教育界，2021(10)：32—33．

[62]杨柳．美国卓越教师标准对我国职前教师教育的启示[J]．现代职业教育，2021(20)：38—39．

[63]曾宪文．新文科背景下卓越语文教师培养模式探析——以四川文理学院为例[J]．四川文理学院学报，2021，31(3)：117—122．

[64]柳佩瑶，熊格生．卓越思政教师培养的困境与破解之道[J]．大学，2021(18)：128—132．

[65]姜丽娟，刘义兵."欧洲教育区"背景下欧盟教师教育政策的新动向及其启示[J]．全球教育展望，2021，50(5)：81—91．

[66]常嘉珊."教学做合一"思想应用于高校卓越教师培养的启示[J].山西青年，2021(9)：65—66.

[67]苏鹏举，王海福.乡村小学卓越全科教师培养的价值意蕴及素质结构研究[J].江苏第二师范学院学报，2021，37(2)：82—88.

[68]刘文，吴耀宇.基于深度学习的卓越教师养成路径探索[J].江苏第二师范学院学报，2021，37(2)：89—94.

[69]宫慧娜，雷江华.美国高质量特殊教育教师培养的特点及启示——以范德堡大学特殊教育专业本科培养项目为例[J].教育学报，2021，17(2)：98—108.

[70]孙海滨，刘婷婷.卓越中学物理教师的专业特质研究[J].教学与管理，2021(12)：35—38.

[71]惠依琳.助力卓越教师成长，构建学校治理新格局——《教育家》杂志线上圆桌论坛实录[J].教育家，2021(11)：23—27.

[72]黄永辉，李云晖，徐雪.师范专业认证视域下中学卓越教师培养路径[J].林区教学，2021(4)：100—103.

[73]刘新宇，崔靖."卓越教师培养"背景下医学高校师资队伍建设的SWOT分析——以天津医科大学为例[J].中国高等医学教育，2021(4)：38—39.

[74]韦芳，邓琴.数字时代卓越小学教师培养模式中学习方式的变革与创新[J].河池学院学报，2021，41(2)：81—85.

[75]刘晓军，张德彭.优秀到卓越：教育现代化背景下卓越教师培养的时代逻辑与实践策略[J].教育观察，2021，10(14)：20—22.

[76]曲文静.基于卓越教师职前培养的教师教育共同体建设研究以S师范大学教育硕士培养为例[D].沈阳：沈阳师范大学，2021.

[77]侯超杰.适应师范生协同培养需要的教师发展学校建设研究——以浙江省教师发展学校为例[D].上海：上海师范大学，2021.

[78]孙洁琦.卓越教师培养理念下美国密歇根州立大学教育实习机制研究[D].长春：东北师范大学，2021.

附录一

教育部关于实施卓越教师培养计划的意见

教师〔2014〕5号

各省、自治区、直辖市教育厅（教委），新疆生产建设兵团教育局，部属有关高等学校：

近年来，我国教师教育体系不断完善，教师教育改革持续推进，教师培养质量和水平得到提高，但也存在着教师培养的适应性和针对性不强、课程教学内容和教学方法相对陈旧、教育实践质量不高、教师教育师资队伍薄弱等突出问题。大力提高教师培养质量成为我国教师教育改革发展最核心最紧迫的任务。为推动教师教育综合改革，全面提升教师培养质量，现就实施卓越教师培养计划提出以下意见。

一、明确实施卓越教师培养计划的目标要求

主动适应国家经济社会发展和教育改革发展的总体要求，坚持需求导向、分类指导、协同创新、深度融合的基本原则，针对教师培养的薄弱环节和深层次问题，深化教师培养模式改革，建立高校与地方政府、中小学（幼儿园、中等职业学校、特殊教育学校，下同）协同培养新机制，培养一大批师德高尚、专业基础扎实、教育教学能力和自我发展能力突出的高素质专业化中小学教师。各地各校要以实施卓越教师培养计划为抓手，整体推动教师教育改革创新，充分发挥示范引领作用，全面提高教师培养质量。

二、分类推进卓越教师培养模式改革

1. 卓越中学教师培养。针对中学教育改革发展对高素质教师的需求，重点探索本科和教育硕士研究生阶段整体设计、分段考核、连续培养的一体化模式，培养一批信念坚定、基础扎实、能力突出，能够适应和引领中学教育教学改革的卓越中学教师。

2. 卓越小学教师培养。针对小学教育的实际需求，重点探索小学全科教师培养模式，培养一批热爱小学教育事业、知识广博、能力全面，能够胜任小

学多学科教育教学需要的卓越小学教师。

3.卓越幼儿园教师培养。适应学前教育改革发展要求，构建厚基础、强能力、重融合的培养体系，培养一批热爱学前教育事业、综合素质全面、保教能力突出的卓越幼儿园教师。

4.卓越中等职业学校教师培养。面向现代职业教育发展需要，建立健全高校与行业企业、中等职业学校的协同培养机制，探索高层次"双师型"教师培养模式，培养一批素质全面、基础扎实、技能娴熟，能够胜任理论和实践一体化教学的卓越中等职业学校教师。

5.卓越特殊教育教师培养。适应新时期特殊教育事业发展需要，重点探索师范院校与医学院校联合培养机制、特殊教育知识技能与学科教育教学融合培养机制，坚持理论与实践结合，促进学科交叉，培养一批富有爱心、素质优良、具有复合型知识技能的卓越特殊教育教师。

三、建立高校与地方政府、中小学"三位一体"协同培养新机制

1.明确全方位协同内容。高校与地方政府、中小学协同制定培养目标、设计课程体系、建设课程资源、组织教学团队、建设实践基地、开展教学研究、评价培养质量。培养中等职业学校教师的高校还需加强与行业企业的协同。

2.建立合作共赢长效机制。高校与地方政府、中小学建立"权责明晰、优势互补、合作共赢"的长效机制。地方政府统筹规划本地区中小学教师队伍建设，科学预测教师需求的数量和结构，做好招生培养与教师需求之间的有效对接。高校将社会需求信息及时反馈到教师培养环节，优化整合内部教师教育资源，促进教师培养、培训、研究和服务一体化。中小学全程参与教师培养，积极利用高校智力支持和优质资源，促进教师专业发展。

四、强化招生就业环节

1.推进多元化招生选拔改革。通过自主招生、入校后二次选拔、设立面试环节等多样化的方式，遴选乐教适教的优秀学生攻读师范专业。具有自主招生资格的高校，提高自主招生计划中招收师范生的比例。加强入校后二次选拔力度，根据本校特点自行组织测试选拔。设立面试环节，考察学生的综合素质、职业倾向和从教潜质。

2.开展生动有效的就业教育。加强养成教育，注重未来教师气质培养，营造良好教育文化氛围，引导师范生树立长期从教、终身从教信念。建立完善

师范毕业生就业服务体系，鼓励引导师范生到基层特别是农村中小学任教。

五、推动教育教学改革创新

1. 建立模块化的教师教育课程体系。构建公共基础课程、学科专业课程、教师教育课程比重适当、结构合理、理论与实践深度融合的课程体系。把社会主义核心价值观纳入教师教育课程体系，融入师范生培养全过程。采取将教书育人楷模、一线优秀教师请进课堂等方式，丰富师德教育的内涵与形式。落实《教师教育课程标准试行．》，打破教育学、心理学、学科教学法"老三门"的课程结构体系，开设模块化、选择性和实践性的教师教育课程。

2. 突出实践导向的教师教育课程内容改革。紧密结合中小学教育教学实践，全面改革教师教育课程内容。在教师教育课程中充分融入优秀中小学教育教学案例。将学科前沿知识、课程改革和教育研究最新成果充实到教学内容中，及时吸收儿童研究、学习科学、心理科学、信息技术的新成果。

3. 推动以师范生为中心的教学方法变革。推进以"自主、合作、探究"为主要特征的研究型教学改革，着力提升师范生的学习能力、实践能力和创新能力。充分利用信息技术变革教师的教学方式和师范生的学习方式，提升师范生信息素养和利用信息技术促进教学的能力。充分发挥毕业论文设计．在培养师范生的实践能力和反思研究能力方面的重要作用。

4. 开展规范化的实践教学。将实践教学贯穿培养全过程，分段设定目标，确保实践成效。建立稳定的教育实践基地和教育实践经费保障机制，切实落实师范生到中小学教育实践不少于 1 个学期制度。建立标准化的教育实践规范，对"实践前—实践中—实践后"全过程提出明确要求。实行高校教师和中小学教师共同指导师范生的"双导师制"。建设教育实践管理信息系统平台，探索教育实践现场指导与远程指导相结合的新模式。培养中等职业学校教师的高校还应联合行业企业建立稳定的专业实践基地，实践教学时间不少于 1 学年。

5. 探索建立社会评价机制。高校结合本校实际制订卓越教师培养标准，试行卓越教师培养质量年度报告制度。准确把握并及时研究分析师范毕业生就业状况和供需情况，不断调整学校的专业设置和课程，增强培养的适应性和针对性。

六、整合优化教师教育师资队伍

1. 建立教师教育师资队伍共同体。高校整合优化教师资源，加大人才引进力度，配足配齐教师教育类课程教师。聘请中小学、教研机构、企事业单位和教育行政部门的优秀教育工作者、高技能人才到高校担任兼职教师，从事卓越教师的培养工作。

2.形成教师教育师资队伍共同体持续发展的有效机制。鼓励高校与中小学、教研机构、企事业单位和教育行政部门积极探索"协同教研""双向互聘""岗位互换"等教师发展新机制。高校教师教育类课程教师深入中小学、教研机构、企事业单位和教育行政部门兼职任教、挂职实践，每5年累计的时间不少于1年。通过开展国内专项培训、赴境外访学进修、见习观摩等多种形式，提高教师教育类课程教师的专业化水平。在岗位职数、评聘条件等方面，专门制定相关政策，为学科课程与教学论教师的职务职称.晋升创造条件。

七、加强卓越教师培养计划的组织保障

1.成立组织管理机构。教育部成立"卓越教师培养计划"专家委员会，负责计划的指导、咨询服务等工作。高校结合本校的办学定位、服务面向和办学优势与特色等，联合地方政府、中小学就卓越计划相应改革项目提交申报方案，经专家委员会评审后，教育部研究确定计划实施高校。计划实施周期为10年。专家委员会对实施效果进行定期检查，实行计划实施高校动态调整机制。

2.加强政策保障。支持计划实施高校在招生选拔、培养模式、课程体系、师资队伍建设等方面进行综合改革。对具有推免资格的计划实施高校，在安排推免名额时统筹给予支持；对计划实施高校适度增加教育硕士招生计划；在专业学位授予审核工作中，优先支持计划实施并取得成效的高校。鼓励具有推免资格的计划实施高校，在本校推免名额内重点支持教育硕士专业学位的发展。优先支持计划实施高校的学生参与国际合作交流，包括公派出国留学、实习、交换学生等；优先支持计划实施高校的相关青年骨干教师国内访学和出国进修。对计划实施高校承担的与卓越教师培养计划相关的中小学教师培训任务，优先纳入国培计划。各地应对计划实施高校在政策、经费投入等方面给予支持，对参与卓越教师培养计划的中小学在办学投入、师资建设等方面给予倾斜。

各地各有关高校要认真贯彻落实本意见精神，结合实际，研究制订具体的实施方案，确保卓越教师培养计划各项任务落到实处。

教育部

2014年8月18日

附录二

教育部关于实施卓越教师培养计划 2.0 的意见

教师〔2018〕13 号

各省、自治区、直辖市教育厅（教委），新疆生产建设兵团教育局，有关部门（单位）教育司（局），部属有关高等学校，部省合建各高等学校：

为贯彻《中共中央 国务院关于全面深化新时代教师队伍建设改革的意见》决策部署，落实《教育部等 5 部门关于印发〈教师教育振兴行动计划〉（2018—2022 年）的通知》（教师〔2018〕2 号）工作要求，根据《教育部关于加快建设高水平本科教育 全面提高人才培养能力的意见》，现就实施卓越教师培养计划 2.0 提出以下意见。

一、总体思路

围绕全面推进教育现代化的时代新要求，立足全面落实立德树人根本任务的时代新使命，坚定办学方向，坚持服务需求，创新机制模式，深化协同育人，贯通职前职后，建设一流师范院校和一流师范专业，全面引领教师教育改革发展。通过实施卓越教师培养，在师范院校办学特色上发挥排头兵作用，在师范专业培养能力提升上发挥领头雁作用，在师范人才培养上发挥风向标作用，培养造就一批教育情怀深厚、专业基础扎实、勇于创新教学、善于综合育人和具有终身学习发展能力的高素质专业化创新型中小学（含幼儿园、中等职业学校、特殊教育学校，下同）教师。

二、目标要求

经过五年左右的努力，办好一批高水平、有特色的教师教育院校和师范专业，师德教育的针对性和实效性显著增强，课程体系和教学内容显著更新，以师范生为中心的教育教学新形态基本形成，实践教学质量显著提高，协同培养机制基本健全，教师教育师资队伍明显优化，教师教育质量文化基本建立。到 2035 年，师范生的综合素质、专业化水平和创新能力显著提升，为培养造就数以百万计的骨干教师、数以十万计的卓越教师、数以万计的教育家型教师奠定坚实基础。

三、改革任务和重要举措

（一）全面开展师德养成教育。将学习贯彻习近平总书记对教师的殷切希望和要求作为师范生师德教育的首要任务和重点内容，将"四有"好老师标准、四个"引路人"、四个"相统一"和"四个服务"等要求细化落实到教师培养全过程。加强师范特色校园、学院文化建设，着力培养"学高为师、身正为范"的卓越教师。通过实施导师制、书院制等形式，建立师生学习、生活和成长共同体，充分发挥导师在学生品德提升、学业进步和人生规划方面的作用。通过开展实习支教、邀请名师名校长与师范生对话交流等形式，切实培养师范生的职业认同和社会责任感。通过组织经典诵读、开设专门课程、组织专题讲座等形式，推动师范生汲取中华优秀传统文化精髓，传承中华师道，涵养教育情怀，做到知行合一。

（二）分类推进培养模式改革。适应五类教育发展需求，分类推进卓越中学、小学、幼儿园、中等职业学校和特殊教育学校教师培养改革。面向培养专业突出、底蕴深厚的卓越中学教师，重点探索本科和教育硕士研究生阶段整体设计、分段考核、有机衔接的培养模式，积极支持高水平综合大学参与。面向培养素养全面、专长发展的卓越小学教师，重点探索借鉴国际小学全科教师培养经验、继承我国养成教育传统的培养模式。面向培养幼儿为本、擅长保教的卓越幼儿园教师，重点探索幼儿园教师融合培养模式，积极开展初中毕业起点五年制专科层次幼儿园教师培养。面向培养理实一体、德业双修的卓越中职教师，重点探索校企合作"双师型"教师培养模式，主动对接战略新兴产业发展需要，开展教育硕士（职业技术教育领域）研究生培养工作。面向培养富有爱心、具有复合型知识技能的卓越特教教师，重点探索师范院校特殊教育知识技能与学科教育教学融合培养、师范院校与医学院校联合培养模式。

（三）深化信息技术助推教育教学改革。推动人工智能、智慧学习环境等新技术与教师教育课程全方位融合，充分利用虚拟现实、增强现实和混合现实等，建设开发一批交互性、情境化的教师教育课程资源。及时吸收基础教育、职业教育改革发展最新成果，开设模块化的教师教育课程，精选中小学教育教学和教师培训优秀案例，建立短小实用的微视频和结构化、能够进行深度分析的课例库。建设200门国家教师教育精品在线开放课程，推广翻转课堂、混合式教学等新型教学模式，形成线上教学与线下教学有机结合、深度融通的自主、合作、探究学习模式。创新在线学习学分管理、学籍管理、学业成绩评价等制度，大力支持名师名课等优质资源共享。利用大数据、云计算等技术，对课程教学实施情况进行监测，有效诊断评价师范生学习状况和教学质量，为教师、教学管理人员等进行教学决策、改善教学计划、提高教学质量、保证教学效果提供参考依据。

（四）着力提高实践教学质量。设置数量充足、内容丰富的实践课程，建立健全贯穿培养全程的实践教学体系，确保实践教学前后衔接、阶梯递进，实践教学与理论教学有机结合、相互促进。全面落实高校教师与优秀中小学教师共同指导教育实践的"双导师制"，为师范生提供全方位、及时有效的实践指导。推进师范专业教学实验室、师范生教育教学技能实训教室和师范生自主研训与考核数字化平台建设，强化师范生教学基本功和教学技能训练与考核。建设教育实践管理信息系统平台，推进教育实践全过程管理，做到实习前有明确要求、实习中有监督指导、实习后有考核评价。遴选建设一批优质教育实践和企业实践基地，在师范生教育实践和专业实践、教师教育师资兼职任教等方面建立合作共赢长效机制。

（五）完善全方位协同培养机制。支持建设一批省级政府统筹，高等学校与中小学协同开展培养培训、职前与职后相互衔接的教师教育改革实验区，着力推进培养规模结构、培养目标、课程设置、资源建设、教学团队、实践基地、职后培训、质量评价、管理机制等全流程协同育人。鼓励支持高校之间交流合作，通过交换培养、教师互聘、课程互选、同步课堂、学分互认等方式，使师范生能够共享优质教育资源。积极推动医教联合培养特教教师，高校与行业企业、中等职业学校联合培养中职教师。大力支持高校开展教师教育管理体制改革，构建教师培养校内协同机制和协同文化，鼓励有条件的高校依托现有资源组建实体化的教师教育学院，加强办公空间与场所、设施与设备、人员与信息等资源的优化与整合，聚力教师教育资源，彰显教师教育文化，促进教师培养、培训、研究和服务一体化。

（六）建强优化教师教育师资队伍。推动高校配足配优符合卓越教师培养需要的教师教育师资队伍，在岗位聘用、绩效工资分配等方面，对学科课程与教学论教师实行倾斜政策。加大学科课程与教学论博士生培养力度和教师教育师资国内访学支持力度，通过组织集中培训、校本教研、见习观摩等，提高教师教育师资的专业化水平。加强教师教育学科建设，指导高校建立符合教师教育特点的教师考核评价机制，引导和推动教师教育师资特别是学科课程与教学论教师开展基础教育、职业教育研究。通过共建中小学名师名校长工作室、特级教师流动站、企业导师人才库等，建设一支长期稳定、深度参与教师培养的兼职教师教育师资队伍。指导推动各地开展高等学校与中小学师资互聘，建立健全高校与中小学等双向交流长效机制。

（七）深化教师教育国际交流与合作。加强与境外高水平院校的交流与合作，共享优质教师教育资源，积极推进双方联合培养、学生互换、课程互选、学分互认。提高师范生赴境外观摩学习的比例，采取赴境外高校交流、赴境外中小学见习实习等多种形式，拓展师范生的国际视野。积极参与国际教师教育创新研究，加大教师教育师资国外访学支持力度，学习借鉴国际先进教育理念经验，扩大中国教育的国际影响。

（八）构建追求卓越的质量保障体系。落实《普通高等学校师范类专业认证实施办法》，构建中国特色、世界水平的教师教育质量监测认证体系，分级分类开展师范类专业认证，全面保障、持续提升师范类专业人才培养质量。推动高校充分利用信息技术等多种手段，建立完善基于证据的教师培养质量全程监控与持续改进机制和师范毕业生持续跟踪反馈机制以及中小学、教育行政部门等利益相关方参与的多元社会评价机制，定期对校内外的评价结果进行综合分析并应用于教学，推动师范生培养质量的持续改进和提高，形成追求卓越的质量文化。

四、保障机制

（一）构建三级实施体系。教育部统筹计划的组织实施工作，做好总体规划。各省（区、市）教育行政部门要结合实际情况，制定实施省级"卓越教师培养计划 2.0"。各高校要结合本校实际，制定落实计划 2.0 的具体实施方案，纳入学校整体发展规划。

（二）加强政策支持。优先支持计划实施高校学生参与国际合作交流、教师教育师资国内访学和出国进修；对计划实施高校适度增加教育硕士招生计划，加强教师教育学科建设，完善学位授权点布局，教育硕士、教育博士授予单位及授权点向师范院校倾斜。推进教育硕士专业学位研究生培养与教师职业资格的有机衔接。将卓越教师培养实施情况，特别是培养指导师范生情况作为高校教师考核评价和职称晋升、中小学工作考核评价和特色评选、中小学教师评优和职称晋升、中小学特级教师和学科带头人评选、名师名校长遴选培养的重要依据。

（三）加大经费保障。中央高校应统筹利用中央高校教育教学改革专项等中央高校预算拨款和其他各类资源，结合学校实际，支持计划的实施。各省（区、市）加大经费投入力度，统筹地方财政高等教育、教师队伍建设资金和中央支持地方高校改革发展资金，支持计划实施高校。

（四）强化监督检查。成立"卓越教师培养计划 2.0"专家委员会，负责计划的指导、咨询服务等工作。实行动态调整，专家组将通过查阅学校进展报告、实地调研等形式对计划实施情况进行定期检查。对完成培养任务、实施成效显著的，予以相关倾斜支持；对检查不合格的，取消"卓越教师培养计划 2.0"改革项目承担资格。

教育部

2018 年 9 月 17 日